Une vie littéraire

北京上河卓远文化传播有限公司 出品

一种文学生活

黄荭

河南大学出版社
HENAN UNIVERSITY PRESS

图书在版编目(CIP)数据

一种文学生活 / 黄荭著 . —郑州：河南大学出版社，2017.12
ISBN 978-7-5649-3150-6

Ⅰ.①一… Ⅱ.①黄… Ⅲ.①现代文学—文学研究—法国—文集 Ⅳ.①I565.065-53

中国版本图书馆CIP数据核字（2017）第324926号

一种文学生活
著　　者　黄　荭
责任编辑　杨全强　张引弘　陈晓菲
责任校对　张　珊
封面设计　郑元柏

出　　版	河南大学出版社
地　　址	郑州市郑东新区商务外环中华大厦2401号　邮编：450046
电　　话	0371—86059701（营销部）　网址：www.hupress.com
制　　作	北京大观世纪文化传媒有限公司
印　　刷	河南瑞之光印刷股份有限公司
版　　次	2018年9月第1版　　印　次　2018年9月第1次印刷
开　　本	787mm×1092mm　1/32　印　张　7.75
字　　数	120千字　　定　价　38.00元

版权所有，侵权必究
（本书如有印装质量问题，请与河南大学出版社营销部联系调换）

此处不需要序言

鲁 敏

如题。因此接下来你所读到的,只是一段话,谨遵黄荭之嘱,写在前面而已。有时候我们会顺从于形式与仪仗上的构成,这有助于趋向宁静,如同趋向人群、火苗与陈旧的器物。

我与黄荭的往来,不属于频繁走动型,有事则热络,无事则淡然。这种交往颇为适意,亦不易因时日而生冷。但这种适意需要共同的底子来做担保。我们的底子,起码有一个:文学。

文学这样东西,广谱意义上说,人人都是与之相通的,都有切己的体悟,多多少少都有些实践与介入。因此,我们也比较容易从文学的胃口、偏好、程度深浅上来互相认领,像独特的扫描仪与通关口。这种文学上的信赖,盲目、乐观、通透,甚至会超越彼此的肉身与现实局限。我看这书里,黄荭对杜拉斯奶奶的体识,跨越代际国度,延绵二十年之久,或将继续流动下去,更近乎家眷血脉之亲……

我所认识的文学切片意义上的黄荭,阅读量巨大,兴趣广杂,好奇心、游戏心、耐心与爱心一样不缺,同时还葆有一种中学女生式的勤奋,出书、译作、做学问的速度堪比野草在疯长。我对成功或名声不大敏感,有时还有保留地回避,但对认真的、努力做事的人物本身,则持有顽冥的敬意,我本能地也想站到这样的队伍里去,成为其中的一个。这或也是我们这代人特有的、一种比较落伍的价值观。落伍也无妨的,步子慢慢的,影子长长的,寂寞而愉悦吧。

当然黄荭并非寂寞之人,或者说,那种寂寞之意只在她的内部。从外在构成上看,她总有各种动静,翻译领域内的、传媒意义上的、学术交流性的、生活小调调的等等,从这本书的目录便可以瞧出这种浑不吝的广度,左牵黄右擎苍,忽而铁血忽而玫瑰,好像随便打开一道门去,她都能生发出她的所有,这种杂家本领,或也是专业译家须得持有的一种资质与特异功能,如同一位随和性子的人,随便跟谁坐下来,都可以谈笑风生,甚至达到某个层面的知己——黄荭的确也很善谈,直接把时间的话筒交给她吧,这里真不需要什么劳什子序言。

案头积了太多的书
和灰尘
欠了太久的文字
在这个春天
像一个废弃的园子
惊蛰过后
杂草丛生……

〈〈无题〉〉，黄茳

目录

重现的普鲁斯特	1
没有谁的日子……	19
杜拉斯的电影情结	31
杜拉斯之季	42
色也。空也。	51
不疯魔,不成书	63
奥斯曼帝国的幽灵	70
粉红系,治愈系	80
"玫瑰"的故事	92
"是谁到地府一游,又为了什么?"	100
爱猫札记	107
哲学、政治、文学和偶尔跳出来搅局的性	122

最后一个莫西干人：莫里斯·纳多	133
2008法国文学奖：法国的，世界的……	142
以小说之名"怀旧"	151
向左走，向右走？	158
"中国经验"的祛魅写作	169
译事：作为文学生活的一种方式	185
最好的和最坏的年代	202
"写作本身就是一种抵抗"	211
不能承受之真——小说与虚构	217

重现的普鲁斯特

一

上个世纪初,加斯东·伽利玛和马塞尔·普鲁斯特在巴黎街头偶遇,前者立刻被后者"极其温柔的目光和无动于衷、漫不经心的神情所打动",两人一见如故,当时马塞尔尚未在文坛出道,而加斯东已是鼎鼎有名的文学杂志社 nrf(《新法兰西评论》,伽利玛出版社的前身)的掌门人。1913年秋,文艺男普鲁斯特找了几回伽利玛,希望把《追忆似水年华》(也译《寻找失去的时间》、《追寻逝去的时光》等)交由他出版,但纪德和 nrf 编辑部的审稿人很快就被两叠五百五十页厚的稿子和公爵夫人家没完没了的饭局弄得不胜其烦,于是斩钉截铁地把稿子拒了。普鲁斯特辗转了几家出版社后找到了格拉塞,后者看都没看书稿就爽快签约，因为普鲁斯特说自己埋单。第一卷《在斯万家那边》于当年 11 月 14 日出版，反响热烈，纪德重读之后追悔莫及，主动写信给普鲁斯特道歉："拒绝这本书将是 nrf 所犯的最大错误，也是我这一生做过最后悔、最内疚的事。"只有伽利玛可以打友情牌来挽回败局，普鲁斯特领他的情，格拉塞也买他的账。1918 年《追忆》第二卷《在少女花影下》由伽利玛出版，虽然当时 75 岁高龄的阿纳托尔·法朗士哀叹："生命太短暂，而普鲁斯特太长……"这本晦涩的大部头还是引起了评论界的关注，1919 年获奖，裹上印着"龚古尔奖"字样的"腰带"走进了普通读者的视野。这是 nrf 有史以来第一次使用腰封。

二

《追忆》花去了普鲁斯特人生最后的 13 年（1909—1922），这部未竟巨著的出版历时 14 年（1913—1927），它在中国的译介更是一场漫长的时间之旅。从作家之名的引入到全译本的推出，从围绕书名的讨论延伸到普鲁斯特对中国作家的影响，时光荏苒，在个人主义大行其道的消费社会，重现的普鲁斯特带着病态的苍白面容，像一朵卡特里兰花一样缱绻暧昧,引人发梦。

普鲁斯特在中国的译介最早可以追溯到1923年在《小说月报》第十四卷第二号上刊登的一篇小文:"新死的两个法国小说家",小文的作者是沈雁冰。

> 去年十月与十一月间,法国失去了两个大文豪,一是陆蒂(Pierre Loti),一是普洛孚司忒(Marcel Proust)。
>
> ……
>
> 普洛孚司忒于1862年生于巴黎,他曾为烟草制造家;1892年《妇女通信》出版,始显名。1909年被举为法兰西学会会员。
>
> 他和波尔吉(Bourget)作风相同,而观察之深入,描写之精致,则胜于波尔吉。他也是属于所谓"心里的自然主义"一派;他想把心理派的心理分析的描写法和自然派的客观描写法并和为一,而使之调和。他的最好的作品是那些研究"妇人心理"的长篇。1889年出版的《茹佛姑娘》和1894年出版的《半贞女》都极有名。
>
> ……
>
> 欧战以后,他的著作更受人欢迎,前昨

两年法国最广销的小说就是他的 *Du côté de chez Swann*，及连续者。这是一部半自传体的巨著——现代文坛上希有的大企图，——1913年第一卷 *Du côté de chez Swann* 出版后，1918年又出续卷 *A l'ombre des jeunes filles en fleurs*（此卷即得1919年之大奖者），直到去年11月18日死，又接着出了四卷，然而全部还没有完。

关于普鲁斯特前后不搭调的介绍让人看得一头雾水，究其因其实简单，两位马塞尔被张冠李戴了，前半段介绍的是马塞尔·普雷沃（Marcel Prévost，1862—1941）的生平，"欧战以后"才拨乱反正切回马塞尔·普鲁斯特的正题。在小文的最后，年轻的茅盾为普鲁斯特英年早逝深感痛惜："陆蒂和普洛孚司忒的死，法国文坛上失去了两个重要的人物。陆蒂的创造时代，似乎已经过去，他对于文学界的贡献已多，倒还不甚可惜；若普洛孚司忒则正在创作的时代，忽然去世，真是世界文学界重大的损失了！"

这段半页纸的简略介绍并没有撩拨起中国读者对普鲁斯特的兴趣。1932年《现代》杂志第一卷第四、五、六期上都曾提到普鲁斯特，只寥寥数笔带过。在第四期上戴望舒翻译了倍尔拿·法意（Bernard Fail）的《世界大战以后的法国文学——从凯旋门到达达（1918—1923）》，法意把《追忆》第二卷《在少女花影下》和纪德、瓦莱里的作品并举，认为他们创作的共通点就是"不入调的音调一样奇异地"爆发。在第五期上施蛰存翻译了赫克斯莱（Aldous Huxley）的《新的浪漫主义》，英国评论家同情被"巴黎的真正进步的年轻人"猛烈抨击的普鲁斯特。因为普鲁斯特的作品完全不符合这些所谓的进步青年的审美和理想："他们嘲笑任何形式的形而上学；他们蔑视理智和秩序，而且很不合论理地，他们虽然继续着著作和绘画，但他们却认一切艺术为浪漫时间的事情。在他们的眼中，他们的理想生活是一种充满了运动，喧豗，机械，和社会性的动乱的生活。"说实话，在三十年代的中国，普鲁斯特也不符合中国读者的审美诉求。在第六期周起应（周扬）一篇名为"到底是谁不要真理，不要文艺？——读'关于文新与胡秋原的文艺论辩'"的文章中，作为资产阶级文学的代表，普鲁斯特成了洋靶子："至于资产阶级的文学呢，它是已经没有未来了；它所有的唯一的东西就是它自身的过去的历史。它再也产生不出'托尔斯泰'，产生不出'弗罗培尔'了。

它顶多只能产生出分析一个妇人的微笑竟费了六页篇幅的那样的资产阶级文学的'手淫大家'马塞尔·普鲁斯德（Marcel Proust）！所以，如果不断然地和资产阶级诀别，把自己和革命联系在一起，而只'死抱住文学'，'斤斤于艺术的价值'，甚至还想'一举成名天下知'，你不但创造不出好的文学，而且简直是使文学堕落！"

1933年7月10日和17日，在《大公报》的文艺副刊上连续刊载了曾觉之（1901—1982）为纪念普鲁斯特辞世十周年写的两万字长文《普鲁斯特评卷》，分绪论、普鲁斯特之生活、普鲁斯特之著作、结论四部分，还配了六帧作家不同时期的写真照（"儿童时代之普鲁斯特"、"漂亮交际家普鲁斯特"、"恋爱中之普鲁斯特"、"壮岁徘徊之普鲁斯特"、"中年厌倦游乐之普鲁斯特"、"老去幽居恍如隔世之普鲁斯特"）和两帧小说手稿照。这是中国学者第一次系统介绍、分析、评论这位对于法国读者而言都嫌生活过于迤逦细致、行文过于晦涩冗长的作家。在曾觉之看来，这部"一个神经质、一个感觉很是敏感的小孩的长成史"所呈现出来的"新鲜感"既是内容的，也是形式的，甚至是精神层面的。"普鲁斯特在他的作品中，想以精微的分析力显示真正的人心,想以巧妙的艺术方法与科学合一;我们不敢说他是完全成功,但他的这种努力,他使这种努力所得的结果,我们可以说,后来的人是不能遗忘的。他实在有一种心理学,一种从前的文学没有的心理学;他将动的观念,将相对的观念,应用在人心的知识上,他发现一个内是崭新而为从前所不认识的人。这是近代的人,近代动的文明社会中的人。"触摸到心灵幽微隐秘的深处,将私底下的自我连同岁月经年的沉淀都铺陈开来,普鲁斯特寻找的是湮灭在时间长河里等待被再次激活、再次唤醒的生命体验。"我思故我在"在普鲁斯特这里成了"我回忆故我在"。曾觉之说普鲁斯特"开辟出许多法门方便后人可以再进",也的确,一百年来,《追忆》中泛滥的内心独白和意识流就是身处物质文明被无限放大的消费社会中现代人用来安抚"存在焦虑感"最常见且行之有效的创作手法。或许是受了曾觉之这篇评传的影响,1934年2月22日《大公报》文艺副刊上刊登了卞之琳译的《追忆》第一卷开篇的几段文字,题为"睡眠与记忆",译文随后收入1936年卞之琳在上海商务印书馆出版的《西窗集》。

三

此后虽然偶尔有零星的介绍和译文,但普鲁斯特似乎被尘封在某个记忆的盲点。新中国对待外国文学的态度完全迎合了特定时代语境下的文化政策:以毛泽东文艺思想为纲领,以延安文学为导向,强调文学的社会政治功能。随之而来的"文化大革命"更是大革文化命,"兴无灭资"的工农兵文化一统天下,用柳鸣九的话说是"整个思想文化领域一片焦土,寸草不生,只存在'一曲国际歌,八个样板戏'的大统一、绝对纯的始皇式的局面"。

文学的复苏和改革开放步调一致,新的政治空气让中西方关系再度逆转,西方一改被妖魔化的阶级敌人的形象,再次以输出新文化的启蒙者的姿态步入中国。从七十年代末开始,中国再次掀起大规模译介热潮,从古到今各种思潮和流派纷至沓来。"现代派"更是让中国文坛两眼放光,贴着"现代派"和"意识流"代表作家显著标签的普鲁斯特再度浮出水面:1981年,桂裕芳译的《小马德兰点心》和《斯万的爱情》出现在袁可嘉、董衡巽、郑克鲁选编的《外国现代派作品选》(上海文艺出版社)卷二的开篇;1982年,《大百科全书·外国文学卷》里出现了袁树仁编撰的词条"马塞尔·普鲁斯特",《外国文学报道》第二期和第五期上分别刊登了徐和瑾的《马塞尔·普鲁斯特》和冯汉津的《法国意识流作家普鲁斯特及其〈追忆往昔〉》;1985年《世界文学》第四期刊登了廖星桥译的《西尔瓦尼子爵之死》和华青译的《梦(外四篇)》[1];1986年《外国文学欣赏》第三期、第四期和1987年第二期上连载了刘自强译的《追忆流水年华》选段约两万字;1986年《外国文艺》第四期上刊登了郑克鲁译的普鲁斯特早期文集《欢乐和时日》中的两个短篇——《维奥朗特,或迷恋社交生活》和《少女的忏悔》;1988年,《国外文学》第二期刊登了王泰来的《西方现代主义文学的先驱——普鲁斯特》,《世界文学》第二期刊登了徐知免译的《追忆逝水年华》选章《孔布莱》……

也就在八十年代中期,法国掀起了出版普鲁斯特新热潮,1987年伽利玛出版社推出让-伊夫·塔蒂埃(Jean-Yves Tadié)主持的七星文库版《追忆》,同年弗拉马里翁出版了让·米伊(Jean Milly)的校勘版。国内译林出版社也摩拳擦掌、

---

[1] 外四篇分别为"湖边邂逅"、"散步"、"宛如月光"、"栗树"。

跃跃欲试,"正是出于对普鲁斯特重大文学成就的崇敬,并且为了进一步发展中法文化交流,尽快填补我国外国文学翻译出版领域中一个巨大的空白,我们决定组织翻译出版《追忆似水年华》这部巨著"。在译林首任社长李景端和编辑韩沪麟的大力推动下,一支由15名国内法语译界精英组成的队伍拉起来了。"为了尽可能保持全书译文风格和体例的统一",出版社在开译前"制定了'校译工作的几点要求',印发了各卷的内容提要,人名地名译名表及各卷的注释;开译后又多次组织译者经验交流,相互传阅和点评部分译文。这些措施,对提高译文质量显然是有益的"。1989年6月,李恒基、徐继曾译的第一卷《在斯万家那边》出版,收录了施康强译的安德烈·莫洛亚的序,罗大冈的代序《试论〈追忆似水年华〉》和徐继曾编译的《普鲁斯特年谱》。1990年6月译林社又推出桂裕芳和袁树仁译的第二卷《在少女们身旁》、潘丽珍和许渊冲译的第三卷《盖尔芒特家那边》,同年11月推出许钧和杨松河译的第四卷《索多姆和戈摩尔》,1991年7月出版刘方、陆秉慧译的第六卷《女逃亡者》,1991年10月出版周克希、张小鲁、张寅德译的第五卷《女囚》和徐和瑾、周国强译的第七卷《重现的时光》。全译本一出就全票通过荣膺当年 11 月由国家新闻出版署主办的首届全国优秀外国文学图书奖一等奖，之后一版再版，台湾买了繁体版权，网路上很快也兴起了免费电子版。

在全译本的推动下，普鲁斯特的译介和研究呈现一派新气象。各种出版物都少不了普鲁斯特的身影，研究的路径也多种多样：语言学、符号学、文体学、心理分析、社会学、女性主义。从某种意义上说，在构建大教堂般的作品的过程中，普鲁斯特成功地把《追忆》变成了一个文学记忆的空间。1987 年漓江出版社推出袁树仁译的安德烈·莫洛亚的《从普鲁斯特到萨特》，1989 年中国社会科学出版社推出许崇山、钟燕萍译的克洛德·莫里亚克的《普鲁斯特》，1990 年中国社会科学出版社推出王文融译的热奈特的《叙事话语 新叙事话语》，1992 年上海译文出版社推出桂裕芳和王森译的让－伊夫·塔迪埃的《普鲁斯特和小说》、王道乾译的《驳圣伯夫》，1993 年海天出版社推出张小鲁译的《普鲁斯特随笔集》，1999 年山东文艺出版社推出沈志明编的《普鲁斯特》精选集，同年社会科学文献出版社推出了李睿等译的《普鲁斯特论》，收录了纪德的《重读〈欢乐与时日〉》、贝克特的《普鲁斯特论》、让－弗·雷维尔的《普鲁斯特与生活》、帕塔波娃的《普鲁斯特的文体特色》等西方作家和评论家对普鲁斯特的解读。此外，两部中国学者的研究专著也颇值得关注，一本是 1992 年张寅德在三联书店（香港）有限公司和台湾远流出版社出版的《意识流小说的先驱——普鲁斯特及其小说》，另一本是 1999 年涂卫群在浙江文艺出版社出版的《普鲁斯特评传》。

2000 年以来，普鲁斯特译介最受关注的就是周克希和徐和瑾的《追忆》新译本，两人凭一己之力，努力为中国读者还原一个更忠实原著、风格更统一的译文。周克希已在译文出了两卷，徐和瑾在译林出了三卷。此外，2004 年上海译文出版社推出余斌译的德波顿的《普鲁斯特如何改变你的人生》；2008 年人民文学出版社推出郭晓蕾译的热内·培德的《普鲁斯特之夏》，上海译文出版社出版的姜宇辉译的德勒兹的《普鲁斯特与符号》；2011 年重庆大学出版社推出蒋一民译的皮埃尔-甘的《普鲁斯特传》；2012 年江苏文艺出版社推出的李欣译的安娜·博凯尔和艾蒂安·克恩的《法国文人相轻史——从夏多布里昂到普鲁斯特》，人民大学出版社推出王惟芬、杨仕音译的玛丽安娜·沃尔夫的《普鲁斯特与乌贼：阅读如何改变我们的思维》。另又有两部"中国制造"的学术论著出炉：钟丽茜的《诗性回忆与现代生存——普鲁斯特小说的审美意义研究》（2010，光明日报出版社）和涂卫群的《从普鲁斯特出发》（社会科学文献出版社，2001）。

四

毋庸置疑，很多先锋派作家如王蒙、格非、马原、王小波、莫言、余华、孙甘露都曾有过饕餮外国文学经典的学习阶段。普鲁斯特对他们的影响往往是和其他现代派的作家如乔伊斯、伍尔夫、卡夫卡、博尔赫斯、福克纳等糅合在一起的，但如果我们用心分辨，还是可以从很多个文本中找出《追忆》的基因。在王小波的小说集《黄金时代》中，有一篇就叫《似水流年》，他解释说："普鲁斯特写了一本书，谈到自己身上发生过的事。这些事看起来就如一个人中了邪躺在河底，眼看潺潺流水，粼粼流光，落叶，浮木，空玻璃瓶，一样一样从身上流过去。这个书名怎么译，翻译家大费周章。最近的译法是追忆似水年华。听上去普鲁斯特写书时已经死了多时，又诈了尸。而且这也不好念。照我看普鲁斯持的书，译作似水流年就对了。这是个好名字。现在这名字没主,我先要了,将来普鲁斯特来要,我再还给他,我尊敬死掉的老前辈。"而莫言感兴趣的是《小说的气味》(春风文艺出版社,2003):"让我们把记忆中的所有的气味调动起来,然后循着气味去寻找我们过去的生活,去寻找我们的爱情、我们的痛苦、我们的欢乐、我们的寂寞、我们的少年、我们的母亲……我们的一切,就像普鲁斯特借助了一块玛德莱娜小甜饼回到了过去。"周国平亦有同样的体验,感官让记忆之门洞开,于是昔日重现:"逝去的年华,我们最珍贵的童年和青春岁月,我们必定以某种方式把它们保存在一个安全的地方了。我们遗忘了藏宝的地点,但必定有这么一个地方,否则我们不会这样苦苦地追寻。或者说,有一间心灵的密室,其中藏着我们过去的全部珍宝,只是我们竭尽全力也回想不起开锁的密码了。然而,可能会有一次纯属偶然,我们漫不经心地碰对了这密码,于是密室开启,我们重新置身于从前的岁月。当普鲁斯特的主人公口含一块泡过茶水的玛德莱娜小点心,突然感觉到一种奇特的快感和震颤的时候,便是碰对了密码。一种当下的感觉,也许是一种滋味,一阵气息,一个旋律,石板上的一片阳光,与早已遗忘的那个感觉巧合,因而混合进了和这感觉联结在一起的昔日的心境,于是昔日的生活情景便从这心境中涌现出来。"赵丽宏揭示出普鲁斯特写作的核心:"时间。记忆。普鲁斯特小说中的两个主题是发人深省的。时间在毁灭一切,而回忆可以拯救已经消失的往昔。其实人世间任何一刻只要发生过的就不会消失,只要你记得它,只要你愿意回忆它,只要你珍惜它。如果你是一个珍惜光阴、热爱生命、喜爱艺术的人,那么你曾经经历过的生活——那些美妙的、哀伤的、刻骨铭心的瞬间,就可能在你意想不到的时候,当一个特定的情景在你的周围发生时,它们就会不期而至,把你重新找回到已经消逝的时光中,激情的生命过程重现了,重演了。这是一种奇妙的境界。我们相信每个人都可以达到这种境界,普鲁斯特用他的小说为我们作了示范。"[1]

1991年9月17日,余华完成了他的第一部长篇力作《在细雨中呼喊》,"小说描述了一位江南少年的成长经历与心灵历程。作品的结构来自于对时间的感受,确切地说是对记忆中的时间的感

---

[1] 赵丽宏,"心灵的花园——读《追忆似水年华》随想",《小说界》,2004年第4期,178页。

受,叙事者天马行空地在过去、现在和将来这三个时间维度里自由穿行,将记忆的碎片穿插、结集、拼嵌完整"。这段作品简介让我们立刻联想到《追忆》,余华是否把普鲁斯特当榜样来打磨自己的作品?在1998年意大利版和2003年韩文版的前言里余华给出了肯定的答案。在《契诃夫的等待》中,余华对常年受哮喘病折磨却感觉异常敏锐的普鲁斯特钦佩不已:"作家有一次下榻在旅途的客栈里,他躺在床上,看着涂成海洋颜色的墙壁,然后他感到空气里带有盐味。普鲁斯特在远离海洋的时候,依然真实地感受着海洋的气息,欣赏它和享受它。这确实是生活的乐趣,同时也是文学的乐趣。"在他看来,"马塞尔·普鲁斯特在其绵延不绝的《追忆逝水年华》里,让等待变成了品味自己生命时的自我诉说"。

不过从生活和作品的契合度来看,中国模仿普鲁斯特模仿得最到家的当属孙甘露。在他的散文集《比缓慢更缓慢》中,有一篇极富隐喻意味的文章《一堵墙向另一堵墙说什么?》作者承认:"我一直想写一部书,来结束对过去岁月的回忆。但是,这一事情本身就是一次最严格、最丰富的回忆。我不愿做的正是我必须做的事情。这有点像亨利·詹姆斯的小说布满了循环描写和反复思想，它费力但是准确地指向我的意识深处。那时候，我，是一个普鲁斯特的模仿者——不是模仿他的哮喘和艺术，而是像他那样半躺着写作。我出没于内心的丛林和纯粹个人的经验世界，以艺术家的作品作为我的食粮，滋养我的怀疑和偏见。我试着接近我心目中的艺术真理，而不是像今天这样为竭力想直接说出它的名字的幻觉所控制。我以为我在思考生活，但是我的生活并没有因为我的思考而被深刻地体会到。"用毛尖在《孙甘露问卷》里调侃的话说："如果普鲁斯特身体健康，他就是《忆秦娥》和《呼吸》的作者，当然，我这个想法首先来自孙甘露小说本身。'在那里，一枚针用净水缝着时间……'这是《信使之函》的开头，虽然是一句引诗，却也交代了年轻的孙甘露开始写作时准备的地点和材料，而即便是只知道《追寻逝去的时光》的书名和分卷名的人，也看得出来，'那里'、'时间'、'水'构成了普鲁斯特的核心概念。当然，这并非孙甘露的一次文学致敬，它更像是普鲁斯特转世投胎，自然，这回，马塞尔意识到了健康的重要，意识到了英俊的重要。所以，虽然我们明确知道孙甘露的小说绝对不是他的自传，但是从他的语言和风格中浮现出来的作者，真是令人难以抗拒。从《仿佛》

到《呼吸》,尽管写作时间隔了八年十年,但孙甘露一直没有老去,天荒地老般地青春不朽,而这种不朽,在我看来,也构成了《追寻》的永恒魅力,到最后一卷,马塞尔的心灵还是蝴蝶一样天真完美。"

  似水流年。中国在追赶光阴的脚步,可以说,普鲁斯特在中国的接受渐入佳境,不论是翻译、研究还是再创作。《追忆》百年的历程见证了一个文学神话的诞生和延续,普鲁斯特掀起了一场"逆向哥白尼式"的革命,他暴露了自己的灵魂,而我们,在阅读的某一个瞬间被他灵魂附体。

没有谁的日子……

一

1977年10月25日,在母亲过世的翌日,罗兰·巴特(1915—1980)开始写《服丧日记》,一写写了整整两年。表面上,他的生活循着过去的轨迹继续,波澜不惊。据巴特的挚友马尔提(Eric Marty)在《罗兰·巴特的遗产》中描述:巴特每周都去法兰西学院授课,课后和朋友们一起去中餐馆交流讨论,思路清晰,言语犀利。几乎每晚都出门,不是跟朋友吃饭就是看电影听音乐会。到了假期,巴特还会呼朋唤友去他南方蒙古包一样的别墅里度度假,过过乡居生活。

他没有放下眼前的工作,继续有模有样地写作、构思、计划。虽然偶尔悲伤难掩、郁郁寡欢,在外人看来,这样难免的伤痛似乎是有节制的,因此也是正常的，无须好事的开解和笨拙的安慰。然而，《巴黎之夜》是那么孤独，"悲伤近于绝望，让我的心无法承受"。巴特会在深夜出来游荡，像只孤魂野鬼，只是朋友们都不知道，包括马尔提。

11月1日，巴特随手在纸片上写道：

> 有些"心不在焉"的时刻（说着话，必要时，还能开玩笑）——心如槁木——随即一阵锥心之痛，泪下如雨。
>
> 感官之不可捉摸：你可以说我没感觉，或是表现为外在的、女性的（"表面的"）伤感，与"真正的"痛苦形象不同——也可以说，我是深陷绝望，努力不表现出来，不要让周围的人忧心，但有些时候，撑不住，就"崩溃"了。

跟巴特相依为命的母亲走了，终于，"她"的身体不用再受罪了，而"我"万念俱灰，孤独遗世，得不到一丝慰藉。"正常的生活"不过是他在人前的伪装，等到更深人去后的寂静，所有坚强的铠甲跌落一地，异常清晰的只有悲恸，"沉浸在悲恸之中，却让我觉得幸福"。因为也只有悲恸，才让他刻骨铭心地记起母亲和有关母亲的一切。

他喜欢普鲁斯特，因为相似的性情，相似的人生际遇和文学理念，更因为他们对母亲都怀抱着同一种深厚的情感："我们的爱永不衰减，我们永远不会自伤痛中走出，我们的记忆历久弥新……"

只有文字才可以寻回逝去的时光。他没有想到出版，330张小纸片，他只是在客观地观察、真实地记录，记录那个不愿意被别人看见的巴特，他的脆弱和苦涩。"必须把这哀伤放进写作中"，把"无法承受"写到纸上，变成文字应该就可以承受了，有评论说："巴特像在痛苦的深渊里抓住语言的藤蔓一样写着日记，他是靠语言活下来的。"只是，这样的藤蔓悠来荡去往往都不够结实。

1980年2月26日下午三点多，就在那本关于摄影和母亲的书《明室》完成不久，巴特在巴黎学府路横穿马路时被一辆洗衣店的小货车撞翻在地，送去医院后，他拒绝治疗，一心向死，终于在3月25日离世，距母亲去世还不到两年半。

在《罗兰·巴特谈罗兰·巴特》（1975）一书中，作家说那些碎言絮语、断片残章都是围成一圈的石头；"我把自己排成一个圈，我的整个小宇宙都成了碎片。中心，是什么？"毋庸置疑，是母亲。

雪,巴黎大雪纷飞,很异常。

想到她,一阵心酸:她再也看不到雪了。

如此雪景,更与何人说?

二

突然的死亡就像时间裂开一个巨大的黑洞,你一脚踏空,坠落的速度一开始很快,你感到失真和眩晕。慌乱中你在空中挥舞双手,试图抓住什么,但是什么也抓不住,耳边仿佛有隐隐的雷霆声,却听不真切。之后速度慢下来,你开始思考,甚至开始自责:"父母在,不远行。"为什么离开的是我,而走的却是她?如果……

只是生活没有如果。

还记得端午节前两天,和母亲一起坐在露台上包粽子,粽叶和绳子都是她特意从浙江家里带来的。我说这年头,谁还在自己家里费那个力气花那个心思包粽子呢?况且多年不包,手都生疏了,包的粽子大的大,小的小,方的方,尖的尖,一不留神没扎紧就松垮得掉出米粒儿来,倒是高兴坏了几只麻雀,站在屋顶上叽叽喳喳等不及要跟一架架战斗机似的俯冲下来。

端午节那天和一群朋友一起去汤山翠谷看薰

衣草(虽然远远望去紫茵茵的一片,但闻着味道我就知道不是普罗旺斯的薰衣草,更多的只是紫色的马鞭草和鼠尾草)。六月的太阳已经有点毒辣,晒久了容易头昏,所以照片上母亲欢喜的笑容掩不住一丝倦怠。

离家的那天,我叫了出租车到楼下来接。母亲陪我下楼,我笑着冲她挥手,说:"别送了,我就去一个多月,很快回来。"

谁知道一个月刚到,我收到噩耗:母亲突发心肌梗塞,抢救无效!

在温哥华改签了当天的机票回国,我知道在不可逆的时间里旅行,我再揪着心儿紧赶慢赶都已经来不及……

在太平洋上空,十二小时的飞行,默默坐在舷窗边,我痴痴地望着那片澄净的蔚蓝,耳机里反复听着那首 *Modern Style*,一遍又一遍,我泪如泉涌:

La vie est faite des morceaux qui ne se joignent pas.

Je ne sais pas, Mademoiselle Brown, c'est moi.

Le barrage cède aux marrés de la Pacifique

……

Mon Dieu, mon Dieu, qu'elle crève de douleur.

生活由无法拼凑的碎片组成。
我不知道,布朗小姐,是我。
堤坝在太平洋的潮水面前坍塌
……
上帝,上帝,她伤心欲绝。

三

伊莲娜·格莱米永精心编织的故事和悬念并没有打动我,借腹生子、鹊巢鸠占、明修栈道暗度陈仓……枝枝蔓蔓的情节加上变换跳跃的叙事人称,让这个本来凄美甚至有些残酷的故事沾染上一点游戏的味道。谁误入了谁的棋局?连爱情都是可以导演的一场戏。

但我承认,《谜情书》的开头的确抓住了我的神经。那几段文字就像一个重重的枕头,在黑黢黢的夜里死死地压在胸口,让我喘不过气来:

> 我通常每星期看一次邮箱,但心情不好时会看两次,盼着有封信来搅乱我的生活,

就像等待电话,期待地铁之旅,闭上眼睛数到十再睁开时的期盼一样。

然后妈妈死了。于是,我溃不成军。母亲的死,很难有比这更能扰乱人生活的了。

一切都发生得太快,太不真实。下飞机打开手机,短信电话就不由分说地来了,哥说:"你快回来,大家都在等你。"等我回去——诀别。

在浦东机场大厅转了两大圈才找到来接机的好友,或者说她才找到我。昏沉沉地坐高铁回南京,同事来火车站接,三十多个小时不吃不睡,一路舟车困顿,我几乎说不出话。

直接去了酒店,亲戚朋友和母亲的同事都已从浙江赶来。最多的情形,大家抱着头哭,大声地哭,无声地啜泣。最后一面,在殡仪馆:母亲穿着寿衣,躺在菊花、鹤望兰和棕榈叶丛中,仿佛只是累了,脸颊分明比我走的时候清瘦了。三岁的小侄子不停地叨叨:"奶奶摔倒了,奶奶睡着了,奶奶你起来,宝宝来南京看你了,你快起来跟我玩……"

第二天一早,哀思、追悼、告别、火化,哭得没有力气。

之后我捧着骨灰盒,几辆车上都扎了白毛巾,我千山万水飞奔回来，只是为了这样捧着你还乡！舅舅交代："每次过桥，你都要提醒一声，不然你妈的魂魄走错了路，就回不了家了！"

到了乡下，院子内外的棚子已经找人搭好，天井里支了七八张桌子，灵台也已经布置停当。念经的道士点好香烛，摆出铙钹，摊开经书……

念经、祭拜、烧纸钱……主事的叔公查皇历选日子，诵念吊唁者的名单。

时间已经失去了概念，我只记得第二天温州地区开始刮台风，台风也没有泪水汹涌，雨水顺着雨檐哗哗地流淌。没日没夜地念经、祭拜、烧纸钱……我的存在已经失去意义，有意义的只是我的身份：母亲死了，我必须接受所有人的慰问：大同小异的话，而我得不到安慰。

第四天，我已经不再哭，我只是沉默着，守着火钵，虽然台风天气缓和了暑热，但海风刮得火盆里的火苗乱窜，纸灰乱飞，我的手指已经熏黑，脸颊很烫，仿佛我是坐在一个活火山的山脚下，浑身燥热，心如死灰。

出殡的前一天，我中暑被乡人七手八脚地拉着刮痧、放血，舅妈还找人去讲灵姑。昏过去的时候，仿佛穿越了一个幽深漆黑的隧道，我回来了，但一切已如隔世般遥远。

小侄子一开始认定奶奶只是摔倒了,睡着了,后来被一帮好事的亲戚缠着问,于是他知道奶奶没气了,奶奶死了,奶奶在小匣子里,奶奶去菩萨跟前念经,从此再不回来了。

在乡下待了两个多星期,我一直发着低烧,印过坟,点过灯,守过头七,念过亲经才一个人坐车回南京,我坚决不要人陪。

拖着行李回到家,屋子里积了厚厚的一层灰。露台上的花草虫鱼竟然都安好,爬山虎长疯了,爬得挂得满墙都是。花了两天时间打扫、修剪花草、喂鱼。慢慢,慢慢花开,而我也慢慢,慢慢平复……

过去心不可得,现在心不可得,未来心不可得。长大就意味着一路上要学会放下:不妄想,不分别,不执着。

这个夏天,忽然,添了白发……

宅在家里,哪儿也不想去,不想说话,不想见人。陆续有信来,有朋友探望,打开邮箱又关上。哪些人给我写了信,哪些人我得回信致谢,不过到最后,我也没有回几封信,"根本不会有人逼着我去一一道谢,因为'死亡'这个字眼早已为我免去了一切繁文缛节。"

四

有半年时间,我几乎没有翻译、没有写文章、没有旅行……

收到很多书,我也挑着读了几本:《空间在时间里流淌》、《忆秦娥》、《雪晴集》、《故人书简》、《逃之书》、《追忆似水年华》、《反调》、《牧羊少年奇幻之旅》、《别的声音,别的房间》、《三十不惑。四十而立。》……

第一堂十九世纪法国文学课,我通常会给研究生读一小段荣格(C. G. Jung,1875—1961)的文字当引子:

我是谁的梦?

在这个梦里,我做了一次旅行。我在山丘的小路上漫步,阳光明媚,四野开阔。之后,我走近一座小教堂。门开着,我走进去。让我讶异的是祭坛上既没有圣母像也没有十字架,只有一簇美丽的花束。但我在祭坛前的地上看到一个瑜伽师,面朝我,打着莲花座,正在冥想。待我走近细看,我发现他的脸就是我的脸。我惊恐地离开,醒来时脑子里还在琢磨:"啊!如此看来,是他在冥想的时候想到了我。他做了一个梦,而那个梦就是我。"故而,等他醒来的那一刻,我将不复存在。

我知道在很多年前,阅读已然变成了我的一种生活方式。我在书本里自由穿梭,在虚构的故事里忘却,在别人的文字里想起。"不知周之梦为胡蝶与?胡蝶之梦为周与?"

记得有一次和《永恒的孩子》的作者在密特朗国家图书馆附近的咖啡馆露天座喝下午茶,抽着雪茄烟的菲利普·福雷无奈地说:"我原以为自己这一辈子都只是个学者,研究别人创作的文学,可是生活却把笔硬生生塞在我手里,我成了一个作家。"

五

然后,日子过去……

12月21日,我一个人坐地铁去1912对面的电影院看了《少年派》。理查德·帕克头也不回地走进了丛林,地球在那一天没有毁灭,走出电影院的时候,我仿佛得到了新生。

我又和从前一样呼朋唤友:吃饭、掼蛋、喝

下午茶、八卦、谈笑风生,偶尔也开始烦恼拖欠着一直没做的国家社科项目和各式各样的文字债。

转身,相遇。就像我新书的书名,仿佛一个预言。转过身,你就可以把过去的影子留在身后;转过身,我就会找到下一个故事的入口。

我依然从容。

我依然不爱哭。

我依然相信明天会更好。

只是,没有你的日子,

我不习惯。

2013 年 1 月,和园

杜拉斯的电影情结

一

很少有人知道,1914 年 4 月 4 日出生在法属殖民地交趾支那嘉定市的法国女作家玛格丽特·杜拉斯也是一个被贴上"先锋"、"新浪潮"标签的另类导演。从 1966 年第一部电影《音乐》到 1984 年的《孩子们》(与儿子让·马斯科洛和让-马克·杜林纳合作拍摄),杜拉斯共执导了十九部电影,其中包括四部短片,但现如今市面上尚能觅到的只有一部《印度之歌》(1975)。不过,杜拉斯真正意义上的触"电"应该回溯到 1959 年给阿兰·雷乃的电影《广岛之恋》写对话和剧本,该片参加了第 12 届戛纳电影节获评论奖,1961 年获奥斯卡金像奖最佳剧本提名。也就在 1961 年,杜拉斯和热拉尔·雅尔洛为亨利·科尔皮的《长别离》

合作编写剧本,该片获第14届戛纳电影节金棕榈奖。

喜欢杜拉斯作品的知名导演也为数不少,勒内·克莱芒于1958年把《抵挡太平洋的堤坝》搬上了银幕,彼得·布鲁克于1960年改编了《琴声如诉》,托尼·理查森于1967年拍了《直布罗陀水手》,但杜拉斯都不领情,一副上错花轿嫁错郎的不甘不愿。而给电影写剧本更是为他人作嫁衣裳,针线活儿再好,吹拉弹唱风光大嫁的是导演班底,编剧的报酬并没有和票房扯上一毛钱关系,杜拉斯对此一直耿耿于怀(因为母亲的缘故,杜拉斯一生在金钱问题上始终看不开),她总说自己年轻时"太傻太天真"。但三十年后,在出让《情人》的电影版权问题上,杜奶奶依然感觉自己上了当受了骗白白损失了一大笔钱,委屈得跟个童养媳似的。

我想杜拉斯拍电影最直接的原因是不想自己的作品被他人背叛(也是某种自恋罢),在她看来,那些改编自她的小说的电影都"让人无法忍受"。也因为那个特殊的时代,就像她在1971年1月对让-马克·杜林纳说的那样:"现在所有人都搞哲学,所有人都想玩电影。"那是存在主义和新小说的时代,更是新戏剧和新浪潮的时代,实验和先锋是潮流的口号，五六十年代新浪潮用"作家电影"对抗商业电影的桀骜姿态让杜拉斯对电影书写心动不已，她说："我在电影中再次寻找我在书中寻找的东西。"寻找什么？显然不是铜臭。是某种政治（正如她在1977年的《卡车》中所说："我所有的电影都是政治电影，而我在政治上遭受了无法医治的创伤……"）？某种和写作的孤独截然相反的团队的协作？某个失落的记忆之城？还是童年？杜拉斯说："除了童年时代，一无所有。我以后经历的一切都毫无用处。司汤达说得对，童年，无休无止的童年。"

二

的确应该回到原点：印度支那和母亲。在《堤坝》中，约瑟夫告诉苏珊：母亲曾经和伊甸影院的一名职员深深相爱了两年，但因为孩子们，她从来没有跟他睡过一次。那时母亲为了挣外快在伊甸影院兼职弹钢琴弹了整整十年。可怕的十年。"母亲要弹奏两个小时的钢琴。她不可能看银幕上的影片，因为钢琴不仅同银幕处于同一水平面，而且远远低于电影厅的层面。在这里，母亲没有看过一部影片。/……/'有时，我觉得自己一边弹一边睡着了。我试图看银幕时,那简直可怕极了,头晕眼花。在我脑袋上仿佛一锅黑白色的粥在沸腾,好像在晕船。'有一次,仅仅这一次,她想看电影的愿望是那么强烈,她装作生病,然后偷偷去看了场电影。可是,在影院出口处,一名职员认出了她,后来她再也不敢这么做了。十年间,唯一的一次她敢这么做。十年里,她一直想去看电影,而只有一次,她偷偷地去了。十年里,这个欲望在她心头始终那么新鲜,然而,她,她已渐渐衰老。过了十年,已为时太晚,她动身到了平原。"

被压抑的欲望,肉体的和精神的。母亲被绵长日子的绝望和疯狂啃噬了,回忆这些有关母亲的事情对孩子们而言是那么难以忍受,但"你不得不回忆这些事情,回忆伊甸影院",皮埃尔说他永远都不可能忘记《堤坝》,不会忘记母亲和她曾经忍受过的一切。"这就好比忘记我是谁,这不可能。"母亲占据了杜拉斯童年所有的梦境,而电影似乎也成了这个梦境理想的布景。在《堤坝》中,当苏珊拿到若先生的戒指后,她和家人决定和若先生"一刀两断"。但这枚本该可以改变一家人命运的戒指却被珠宝商看出有一块致命的"蛤蟆斑",苏珊准备去找若先生,(假装)跟他和好如初，为了拿到更多的戒指。她盲目地在大街上寻找，像一个迷途的少女。"突然见到有一个电影院入口处，一家可以躲藏起来的电影院。还没有开始放映影片。约瑟夫不在电影院里。没有人在那里，连若先生也没有那里。"

她不由自主地走去，钢琴响起来，灯灭了。苏珊感到自己安全了，不会再被人看见，她幸福地哭了。"下午黑暗的电影厅好比沙漠中的一片绿洲，是孤独的人的黑夜，是人为的、民主的黑夜，电影院里一视同仁的黑夜要比真正的黑夜更加真实，比所有真正的黑夜更加令人高兴，让人感到宽慰，这一被选择的黑夜，向所有的人敞开，奉献给所有的人，比所有的慈善团体和所有教堂都更加宽厚仁慈，更加乐善不倦，这黑夜让人不再为所蒙受的耻辱而痛苦，所有的绝望都荡然无存，整个青春时代的丑陋的污垢都被涤荡一空。"当观众都沉浸在银幕上那段刻骨铭心的爱情，恨不得自己就是男女主人公的时候，杜拉斯说："然而，观众们也许只看到为此所做的尝试，其失败他们并不知晓。因为银幕这时被照亮了，变成如裹尸布那般的白布一块。"苏珊已经看过那么多电影，那么多相爱的人，那么多的别离，那么多的搂抱，那么多最后的拥吻，"那么多命中注定的事情，那么多的残酷的,当然也是不可避免的、致命的抛弃。"在黑暗中,苏珊暗自下定决心:离开母亲。

三

离开童年,逃离印度支那,逃离殖民地腐败、不公正的一切。甚至是,暂时离开孤独的写作,走出自我,去谈论周遭的世界,去和人接触打交道,在思想的摩擦中迸溅出创作的火花,而不是一个人关在一间属于自己的房间,面对"空白之页"的惶惑。1991年,杜拉斯送了一本《来自中国北方的情人》给曾经合作过《印度之歌》、《巴克斯泰尔,薇拉·巴克斯泰尔》、《卡车》和《夜舟》的剪辑师,还破天荒第一次给他附了亲笔题词:"给我的朋友多米尼克·奥弗莱存念。往昔的奇迹,今朝依旧:为一同致力于电影的岁月。"或许是号称《情人》电影版的《来自中国北方的情人》又让杜拉斯回想起扛摄像机的年代,诺弗勒堡是蜂巢,摄制组围着她,她就是"蜂后",大家一起过着人民公社的生活,一起出工,拿一样的报酬,杜拉斯给剧组所有人熬韭葱汤、煮越南饭吃。

与其说电影是断裂,不如说它是写作的延续,或另一种写作。杜拉斯说"我把电影视作写作的支撑。无须填写空白,我们在画面上挥毫。我们说话,并且把文字安放在画面之上"。从某种意义上说,杜拉斯的电影从属于书和戏剧,尽管她的电影有自己鲜明的特色,但它首先是作为作家电影,"写作的"电影:小投入、小制作、自主、自足、自由。她反对的是"制片商"的电影,当写作的"空白之页"变成电影冗长沉闷的"黑镜头"和超出常规的画外音(voix off)时,杜拉斯说她拍摄的是电影的"荒芜"艺术,摈弃一切媚俗的煽情,"毁灭吧,她说",用(作家)电影"杀死"(商业)电影。

四

"慢"是杜拉斯电影的一大特色,出奇地缓慢,一般一部电影有 700 个镜头,而《娜塔莉·格朗热》只有 250 个,《恒河女子》只有 152 个(而且全部是固定镜头,整部电影没有一个移动镜头)。大量使用长镜头,人物很少移动,就算动,动作也极其缓慢,犹豫,心不在焉。影片缺乏事件,情节没有跌宕,一直酝酿渲染的是一种氛围,不能忍受的印度,是站着都能睡着的节奏和画面。

从《恒河女子》到《印度之歌》到《在荒芜的加尔各答她名叫威尼斯》,我们可以清晰地看到杜拉斯"杀死"电影的过程。如果说《印度之歌》还残留了一些故事和情节,在影片《恒河女子》中已经没有直接叙述任何故事,除了"声音的电影"只言片语所提到的那个故事。画面非常单调。在书中,人物的指称已经很模糊:旅行者,黑衣女人,疯子,L. V. S.(比 Lol. V. Stein 还要简略);在电影里更简化为:他,她,女人,另一个女人。人物多数时候在走路(慢慢地走),跳舞(慢慢地跳),有时候停下来看,更经常是一动不动地待着。有观众是冲着片名《恒河女子》来的,满心以为能看到印度的景色,各种旖旎的异国情调,而他们在黑黢黢的电影院里看到的只是一片荒芜、空旷、沙子和水,影片是在法国特鲁维尔(Trouville,分开来念就是 trou-ville,洞—城)的海边拍摄的。洞开的世界,一切都在塌陷,像沙流于水,沙塔拉、加尔各答、印度都成了电影的虚构,或者说:解构。

"黑镜头"和"空白之页"就像一张胶片的正片和负片,就像《恒河女子》,用杜拉斯的话说有两部电影:一是影像的,一是声音的。影像的电影是预先设计好的,有计划,整个结构都记录在剧本中。影像的电影如期拍摄，如期合成完毕。而说话的电影，也就是声音的电影并非事先设想好的。是在拍摄完、合成完影像的电影后才有的，"这部声音的电影，它来自遥远的地方，到底是什么地方呢？它扑向影像，进入影像的领地，然后便驻扎在那里。"杜拉斯认为不应该把这些声音从影像的电影中剔除出去，因为它们或许出自"某种与电影不同的材料，也一定会通向与这部电影完全不同的另一部电影，只要它是一部空白、贫瘠、充满空洞的电影。"另一部电影就是《在荒芜的加尔各答她名叫威尼斯》，这部拍摄于 1976 年的影片完全没有人物，只剩下空荡荡的房子，或许这是对画面最彻底最粗暴的弃绝。

杜拉斯式的隐喻：所指的缺失，身体的缺失，我们的精神漂浮在一个失落的物质世界。

五

从某种意义上说，杜拉斯拍摄电影是为了对抗电影，即便她曾经表示她创作文本和拍摄电影的灵感同出一辙。在她看来，一般的院线电影把观众当脑残，观众花两三分脑力就可以理解，而她的电影至少要用到八分的智慧才能看懂（我想补充的是还需要十分的耐心,还不见得看得懂),她喜欢卓别林、塔蒂、勒努瓦、布列松的电影。她最喜爱德雷耶的电影,特别是她看过很多次的《诺言》:"因为他讲述与众不同的东西。他是唯一想使电影对一些超越自身的东西做出解释的人。而其他人只讲'内部的'东西,走不出电影的围墙。"她把电影看作是一间储藏室,"装满了偏移的、失败的情感和各式各样的痛苦。但同时正是这点使我感到亲切……"电影不是杜拉斯艺术追求的终极目标,1984年拍完《孩子们》以后,杜拉斯带着《情人》又华丽丽地转身回到了文本,回到了写作。

    电影终止了文本,凶狠地打击它的产物:想象。

    但这也是它的优点:封闭。停止想象。

    这种终止,这种封闭就叫作:电影。

    好也罢,坏也罢;优秀也罢,糟糕也罢;电影代表着最终的停止,这种代表已经固定,一次就意味着所有,意味着永恒。

    电影知道:它永远无法代替文本。

    然而还试图将它替代。

    文本是画面唯一一个不确定的承载者,

电影知道这点。

比如我个人很喜欢《夜舟》(中译本也译作《黑夜号轮船》),讲述的是一段电话情缘,三年的爱恋,年轻男子和他的情人只打电话,两人素未谋面。1978年拍的电影里有很多黑镜头,虽然黑暗中飘浮着缠绵的情话和绝望,坐在电影院,我始终有一种被困住的不自在的感觉。杜拉斯本人后来也曾说过:"《夜舟》的写作是无法抗拒的,[但是]拍摄它却是可以避免的。"

置身于"娱乐至死"的大众时代,用作家电影"杀死"商业电影注定只能是一场尚未打响就胜负已判的战斗。抵挡太平洋的堤坝,用西西弗的勇气,这或许就是杜拉斯的(文本-戏剧-电影)书写最打动我的地方。尽管最终(商业)电影"杀死"了作家,"卡车"行驶在"话语的高速公路"上,那是杜拉斯穿过黑夜的孤独和不妥协。

杜拉斯之季

一

1950年,《抵挡太平洋的堤坝》和龚古尔奖失之交臂;1961年,《长别离》获戛纳电影节金棕榈奖;1964年,《劳儿之劫》出版,拉康撰文"向玛格丽特·杜拉斯致敬";1974年,《印度之歌》获戛纳电影节艺术和实验电影奖;1984年,《情人》荣膺龚古尔奖;1992年让-雅克·阿诺执导的同名电影海报贴得满大街满世界都是,梁家辉和珍·玛琪演绎的情爱在欲望都市泛滥成灾,杜拉斯终于成了一个"通俗作家"……

盖棺论定?死亡会加快时间的筛选,要么被读者淡忘,要么成为一种共同的文学记忆得以流传。2006年,杜拉斯辞世十周年之际,我们已经有种强烈的感受:杜拉斯的作品正在被经典化。

那一年,《音乐》、《痛苦》、《广场》、《死亡的疾病》、《夏雨》、《广岛之恋》被再次改编搬上舞台,巴黎的影像广角(Forum des images)举办了杜拉斯电影回顾展,法国国家图书馆举办了她的手稿展和系列讲座,冈城的现代出版档案馆推出"关于爱"的展览,特鲁维尔的黑岩旅店举办一年一度的"杜拉斯日"……与此同时,法国各大报纸杂志也纷纷推出纪念专号或刊登大篇幅的纪念文章,如《欧罗巴》、《文学杂志》、《读书》、《新观察家》、《观点》、《解放报》、《世界报》、《费加罗报》等等。而随着 2011 年杜拉斯作品全集一二卷在"七星文库"出版,三四卷 2014 年面世,杜拉斯已然是端坐文学先贤祠的标准姿态:不朽。

二

她说:"写作如风,赤条条来,就是墨,就是写,和其他任何进入生活的东西都不一样,它就是生活,只是生活,别无其他。"的确,从某种意义上说,杜拉斯体是一种自传体,不论小说、散文、戏剧,还是电影,"主题永远是我",她写下了自己整个的人生。"我这么做就像一个傻瓜。这样也不错。我从来没有自命不凡。写一辈子,在写作中学会写作。写作不会拯救。这就是一切。"

虽然写作不会拯救,但写作可以是抵抗死亡的理由,填满了那些庸常、荒疏、乏味、琐碎的日子,给存在一抹近似神话的迷离色彩,让人心向往之。杜拉斯喜欢打乱所有线索,模糊真实和虚构的界线,很多的重复,但每次出现都有一个变调,说到底,最后连她自己也不记得原来的 key 了。1995 年 7 月 31 日,她曾大声地问最后的情人扬·安德烈亚:"谁知道我的真相?如果你知道,那就告诉我。"

三

她有自己的风格,杜拉斯的小音乐有一种咒语般的魔力,那些女人的名字,那些东方的地名,似乎只要一经她叫出口,一切就都中了魔,仿佛睡美人的城堡和森林。用那些"被解构、被挖空、深入骨髓的句子",从欲望、激情、孤独、绝望中勾勒出一个"特殊的领地,杜拉斯的领地"。她有她的幽默,黑色的,固执的,在《广岛之恋》中有一句经典台词:"你害了我,你对我真好。"还有一段对话,日本男人说:"在广岛,你什么都没看见。没看见。"法国女人回答:"我什么都看见

了。看见了。"在杜拉斯的作品里,"看"是一个出现频次很高的动词,更像是一个隐喻。很容易让人联想到伊甸园的故事:

> 耶和华神所造的,惟有蛇比田野一切的活物更狡猾。蛇对女人说,神岂是真说,不许你们吃园中所有树上的果子吗?女人对蛇说,园中树上的果子,我们可以吃,惟有园当中那棵树上的果子,神曾说,你们不可吃,也不可摸,免得你们死。蛇对女人说,你们不一定死,因为神知道,你们吃的日子眼睛就明亮了,你们便如神能知道善恶。于是女人见那棵树的果子好作食物,也悦人的眼目,且是可喜爱的,能使人有智慧,就摘下果子来吃了。又给她丈夫,她丈夫也吃了。他们二人的眼睛就明亮了,才知道自己是赤身露体,便拿无花果树的叶子,为自己编作裙子。

这是《圣经》对人之初的描述,承载了人类所有痛苦的原罪来自人类对"看"——认知的渴望,渴望获得和神一样的智慧。眼睛睁开了,在那一刻亚当和夏娃看到了、知道了世界的善恶,自身的善恶,于是人类的历史开始了。但杜拉斯又说:睁着眼睛也会迷失,女乞丐迷了路,劳儿迷了心,而我们,在更深人去的寂静里,我们在迷恋什么,在失去什么?

四

虽说阅读和研究杜拉斯已经快二十年,我却一直不肯承认杜拉斯是我最喜欢的法国作家,哪怕只是之一。我给自己找了很多借口:她太自恋,太招摇,太自以为是,文字不是太温暾就是太凌厉……但这些年下来,慢慢慢慢她占据了我书房整整三排书架,以后想必还会更多。我之前做过的江苏省和教育部社科项目是关于她的,拖拉着像黄梅雨天没完没了的国家社科"青年项目"还是关于她,虽然我早已感觉自己不再年轻,眼睁睁看着时间的马蹄踏过头顶,一地的晚春残花……

我想我只是嘴硬。

有些人、有些事、有些书这辈子注定躲不掉,就算你故意扯了个谎,拐了个弯,绕了个远,还会在某年某月的某一天,冷不丁从某个小巷子或记忆的闸门里闯出来,和你撞个满怀。就像一则波斯古国的寓言故事:

有一天，在巴格达，一个大臣来到哈里发面前，脸色苍白、浑身发抖："原谅我这么惊恐失措，刚才在宫殿门口，人群中有个女人撞了我一下。这个黑发女人是死神。看到我，她跟我打了个手势……既然死神来这里找我，陛下，请允许我逃离这里，逃到远方的撒马尔罕。如果赶紧的话，我今晚就能到达那里。"话音刚落，他就纵身上马绝尘而去，飞奔向撒马尔罕。不久，哈里发走出宫殿溜达，他在集市的广场上也遇见了死神。"你为什么要吓唬我那位年轻健康的大臣？"他问道。死神回答："我没想吓唬他，只是看到他在巴格达，我吃了一惊，冲他打了个手势，因为我今晚在撒马尔罕等他。"

那个黑发女人就是宿命。就像我在杜拉斯的文字里，不管我愿不愿意承认，有意无意间瞥见的是命运隐约幽微的神秘印记。某种契合。

五

首先是创世纪的黑水，那也是我童年的风景：大海，潮汐，台风，稻田，有点咸的河水，一成不变又望不到尽头的远方。时间很缓慢,梅雨季节很长,绝望像冲破堤坝的海水,每年夏天总有那么几次淹没番薯地、晒谷场、门前的小桥、天井和一楼的地板,所以在接下来的晴朗日子,地板的缝隙里偶尔会冒出白色粉末状的盐花,有时还带着霉斑,给人一种无法摆脱的不真实感。

之后,我随父母去了山区,我也成了那个跟在哥哥屁股后头成天上树的孩子,捕蝉抓鸟满山跑……然后父亲病了,疾病越拖得久越容易让人看透世事炎凉,比纸薄的是命,也是人情。父亲去世那年,我十一岁,童年结束了。葬礼那天,我没有哭,或许是太累,太麻木,或许是我已经知道,有些人,哭不回来。

母亲一直一个人拉扯我和哥哥两个,现实让她变得能干,要强,也很忙碌。哥哥不爱读书,常惹是生非,总不让她省心,多纳迪厄夫人的疯狂,我想我母亲也一定经历过,还有我看见的,也有我没看见的,脆弱。我从小到大都很优秀,大队长、三条杠、名牌大学、翻译、出书,但母亲并不感到骄傲和安慰,她的眼中只有儿子。

和杜拉斯一样,母亲占据我童年所有的梦境,有时候绝望铺天盖地,我躲在黑暗里会天真地想,不会再遇到更坏的事情了。了解我的法国朋友说我是彻底的悲观主义者,因为彻底,反而乐观。既然哭没有用,那就尝试微笑。潮水总会退却,许多情绪都可以摊在沙滩上,慢慢晾干。

前年夏天,母亲死了,突发心肌梗塞,我在温哥华,改签了当天的机票飞回来也赶不及。失眠开始了,我终于发现,还有更坏的事情……突然,门关上了,我举着手,愣在那里,没有人来开门,以后,永远都是没有谁的日子。

六

2005年,我去了法国导演米歇尔·波尔特在普罗旺斯的山居小屋。2004年她在那里拍摄了杜拉斯的《昂代斯玛先生的午后》,她和杜拉斯是至交,参与过《印度之歌》的拍摄,还是国际杜拉斯学会的第一任会长。听着蝉鸣的夏日午后懒洋洋的,很适合聊天。每天米歇尔都会讲很多故事给我听,自然少不了杜拉斯讲给她听、之后写进《写作》的那只苍蝇的故事。米歇尔说她当时笑疯了,虽然一直都没弄明白苍蝇的寓意:在寂静中,杜拉斯突然看到和听到,在离她很近的地方,贴着墙,一只普通的苍蝇在垂死挣扎。女作家走过去看着苍蝇死去,之后还把苍蝇死去的地方指给米歇尔·波尔特看,告诉她说有只苍蝇三点二十分在那里死去。"在世界某处,人们在写书。所有人都在写。我相信这一点。我确信是这样。[……] 我们也可以不写,忘记一只苍蝇,只是看着它。看着它如何用一种可怕的方式在陌生、空无一物的天空中挣扎。就这样。"

女作家在这只苍蝇身上看到了孤独的死亡,因为她的在场显得越发残酷。

还有"它持续的时间,它的缓慢,它难以忍受的恐惧,它的真实"。

每个人的真实。

有时,我会想,我就是一只,会写作的苍蝇。

色也。空也。

观自在菩萨,行深般若波罗蜜多时,照见五蕴皆空,度一切苦厄。
——《般若波罗蜜多心经》

一

第一次见菲利普·福雷斯特(此前都译作福雷)是在 2004 年 3 月的巴黎书展上,记得当时他主持和韩少功的现场访谈。那次书展是"华文作主宾",整个展馆布置得跟洞房花烛一样,大红灯笼中国结,细木框的宣纸屏风上是泼墨的草书和狰狞的钟馗……我是爱热闹的人,于是天天挤地铁赶集似的跑去凑热闹:密密麻麻的书,挤挤挨挨的人,紧锣密鼓的论坛和见面会。此前我没读过福雷斯特的书,一本也没有,也不晓得他的来历,感觉这个喜气洋洋的书展上就他一个人哭丧着脸,特别煞风景。

真正认识福雷斯特是 2005 年 10 月,我给巴黎人文科学之家和南京法语联盟合办的"中法作家文学交流会"作现场翻译。与会的有南京的苏童、毕飞宇、朱朱,山西的李锐,香港的梁秉钧,加拿大的应晨,法国的弗勒蒂奥和福雷斯特。会前两周,我抽空看了《永恒的孩子》、《纸上的精灵》和《然而》。终于读懂了福雷斯特镜片后面那抹掩不住的"林深不知处"的寂寥:1995 年冬,女儿波丽娜刚过完三周岁生日,热切盼望看到她生命中第一场雪。而几周后的一个下午,一次例行的儿科健康检查打破了生活的秩序,小姑娘被查出患有尤文氏瘤,死神于次年 4 月掳走了它稚嫩而无辜的猎物。也许没有这场变故,父亲会一直满足于做单纯的学者,教教书,写写关于法国先锋派的论文。"我知道自己无力胜任写小说,没有想象和观察力。我唯一的能力是在阅读时施展这种才能。"只是生活从来没有也许……

于是开始"我"的写作。1997 年,《永恒的孩子》在伽利马出版社出版,获该年度费米娜最佳处女作奖。回忆还那么切近,赶紧,赶紧,"在时间的灾难中进行于事无补的抢救:保留刹那一个动作、一句话的残骸",尽管写作只是"一项无关紧要的工作",看着死亡的嘲弄,"睁着眼睛面对随着时间推移不断黯淡下去的深不可测的黑暗,看着那张可爱的脸在黑暗中泯灭"(《漫漫长夜》,中文版译为《永恒的精灵》)。见证了这一绝望而徒劳的抗争,年轻的母亲阿莉丝在"死一般的、无可挽回的痛苦中"质问丈夫:"你企图用一本书来取代她吗?"

当周围的一切无休无止地暗示他们:如果固执地拒绝生第二个孩子,其结果要么是发疯,要么就是无法再忍受彼此,最后患难夫妻劳燕分飞。他们选择了出逃。旅行可以让人把过去生活的茧留在原地,就像蛇蜕下的那层旧皮。福雷斯特开始研究日本文学,大江健三郎、津岛佑子、夏目漱石,在别人的文本中寻找出口。他的第三本小说《然而》便是一种迂回的进入,经由三位日本艺术家——诗人小林一茶、日本现代小说之父夏目漱石和第一个拍摄长崎原子弹爆炸罹难者的摄影师山端庸介——的曲折人生,再次潜入自身痛苦的谷底,在虚空中寻找启示:"露水的世,虽然是露水的世,虽然是如此。"虽然从此只剩下了虚空,这虚空已足够填满此后所有的时间和全部的心灵。2004年,《然而》获法国"十二月"文学大奖,理由是作者"投身于当今真正的文学创作"。

福雷斯特的故事打动了我,很快我成了《然而》中文版的译者。

二

一晃,十年。

这期间,不时收到福雷斯特的新书,《所有的孩子,除了一个……》、《新爱》、《小说,真实》、《文学与哀悼》……每次我去法国,菲利普都会约我在法兰西路114号塞纳河畔的"青蛙&英伦书店"(The Frog & The British Library)见个面。一是离他在巴黎的住所近,二是我从地铁站出来容易找,餐厅和密特朗国家图书馆隔岸相望,旁边就是醒目的MK2电影院。远景是蓝天(印象中我从没在阴雨天到过这个区),四栋巨大的玻璃建筑像四本打开的书遗世孤独地杵在一大片寂寥的空地上,近景是热闹的街市,急匆匆的行人,黑黢黢的塞纳河水,憩在路灯上发呆的鸥鸟,附近拖了几年都没有盖好的叮叮当当的工地。菲利普抽雪茄,一支接一支的瘾,所以法国禁烟运动之后,冬天再冷,我也只能裹着大衣陪他坐在门口的露天咖啡座上聊天,忍受工地传来折磨人神经的噪音。他抱歉地笑笑，无奈地耸耸肩，我口是心非地说我不介意。

前一次见面是2012年1月，聊各自新出的书，参加和没参加的研讨会……菲利普轻描淡写地说他当了《新法兰西杂志》的主编，比以前忙碌了许多，又说他在写一部新书，还没太想清楚行文的结构和肌理。工地的动静闹得我有些心不在焉，走的时候竟然忘记把准备好的小礼物拿给他，快到地铁站的时候才想起来，我于是打电话，两人从两个方向折回来。站在十字路口，菲利普打开盒子，是一个如意书签，图案是孔子。"太巧了，刚才忘了告诉你，我正在写的书里就有提到孔子，这是天意。"

三

一年后，我收到菲利普寄来的新书：《薛定谔之猫》。果真，开篇就扯到了孔子：

> 在黑夜里逮一只黑猫，有人说，世上最难的事莫过于此。尤其是如果那儿没有。
> 我的意思是：尤其是如果我们四处找寻的夜里并没有猫。

> 有一句中国谚语就是这么说的,但作者不可考。相传是孔子……

孔子是西方人爱耍的宝,中国(毋宁说是东方)的智慧把作者和读者引向一条思考虚实、生死、宇宙的路径。吠陀说"我即众生",《摩诃止观卷》也说:"若解一心一切心,一切心一心,非一非一切,一阴一切阴,一切阴一阴,一切究竟一究竟……一法一切法……一切法即一法。"一切法"缘起性空",福雷斯特之所以受到佛学的吸引,或许就因为它可以帮助他放下如露如电如梦幻泡影的过往,不分别,不妄念,不妄执。"色不异空,空不异色。色即是空,空即是色。受想行识,亦复如是。"

回到《薛定谔之猫》这个文本,"空"对应的是黑夜,是梦,是故事,是世界的虚无和渐渐模糊的记忆。那只在花园尽头的黑暗中突然蹿出来又一溜烟消失不见的猫是虚无的使者,是埃尔温·薛定谔变态的假想实验的主角。把一只猫放进一个不透明的盒子里,然后把这个盒子连接到包含一个放射性原子核和一个装有毒气容器的实验装置。这个放射性原子核在一小时内有百分之五十的可能发生衰变。如果发生衰变,它将会发射出一个粒子,而发射出的这个粒子将会触发这个实验装置,打开装有毒气的容器,从而杀死这只猫。根据量子力学,未进行观察时,这个原子核处于已衰变和未衰变的叠加态,只有一小时后打开盒子,实验者才能看到"衰变的原子核和死猫"或者"未衰变的原子核和活猫",二者必居其一。然而,根据我们在日常生活中的经验,只要我们不揭开盖子,那么这只猫既可以是活的,也可以是死的,它就可能有两个本征态。"一明一灭一尺间,方生方死未明时。"

如果不揭开盖子,如果生活可以有另一种可能,如果另一个世界存在另一个我。"如果我的女儿没有死。如果她没有生病。如果她没有出生。如果我拥有过别的爱情。如果我过着别人的生活。如果我是另一个人。如果我没有出生。"曾经的我,本应有的曾经,曾经幸福过、悲伤过、活过,"我想起来我曾经就是这样一个人。我幻想我本应成为另一个人。"是谁偷走了你真正的生活,留给你可笑的赝品,福雷斯特问:"我到底是谁?"

四

我承认量子力学让我感到一阵阵晕眩,不过

作者在《薛定谔之猫》的开篇引用了一句毕加索的话让我得到些许慰藉:"当我读一本爱因斯坦写的物理书时,我啥也没弄明白,不过没关系:它让我明白了**别的东西**。"重要的是在混沌中看到"别的东西",这就是这本灵感来自量子物理的"量子小说"最大的意义。上帝不会掷骰子,所有的偶然都是宿命。如果一切重来,世界还会像《西德海姆的来信》中所描绘的那样:"罗马帝国会再次衰落,科尔特斯会再次蹂躏特诺奇提特兰城,尤因会再次远航,艾德里安会再次被轰成碎片,我和你会再次睡在科西嘉的星空下,我会再次来到布鲁日,再次爱上伊娃,再次失恋,你会再次读到这封信,太阳会再次变得冰冷。尼采的留声机唱片播放结束时,为了无穷无尽的永恒真理,撒旦会再次演奏它。"既然命运已经写好,盖上封印,那就让我们试着去接受,接受生之美好和残酷。

虽然"孩子的故事"还在那里,不过痛苦已经被磨平了棱角,不再尖锐得令人窒息。回忆在消解,就像波函数的塌缩,它不再暴涨侵占所有时空,而只是在某个平行世界里游弋,遥远得像一颗或许已经熄灭了许久的星星。一滴忧伤。"每个人都背负着一只承载忧伤的罐子,一滴微小的忧伤足以使它漫溢。而且一不留神，它会从四面八方流淌出来。我们感觉随时可能哭出来，但不知是为了什么事、什么人。这些眼泪和世上所有的悲伤一样，不管是自己的还是别人的，是大悲还是小戚，因为它们同样表达了面对光阴无情的感伤。时间带走一切，它把我们钟爱的一切一个接一个推向虚无，不留给我们任何可以依赖的东西。"

所以一个失去宠物的人对这滴忧伤的认识会让我读到落泪，那一滴忧伤也击中了我包裹严实的内心：

> 毕竟，就这样失去心爱之物还是很令人难过，只要有人愿意听，可怜的人就会一遍遍重复可怜的话，像老人和孩子说的那些话。只不过：有一天这些话从自己口中说出，我们还是大吃一惊。**因为我们没想到自己还这么小。或者已是这么老。**

他人的悲伤不管出于多微小的缘由，我们都唯恐不能表达出足够的温柔与尊重。因为在一个四处都洋溢着同一种虚伪的快乐和满足的世界，悲伤就像是一种割裂的方式。任何人有时都可以借痛苦对令人难以忍受的命运进行反抗。这反抗是谦卑的、悲壮的,宣称(尽管很傻)死亡不应该降临、爱不应该磨灭。当一个小男孩或小女孩告别自己的狗、猫、仓鼠或金鱼,并且固执地不愿意听大人安慰他们的言语时,与随便哪位教条地解释生命即是如此、必须认同这场将一切推向虚无的浩大运动的哲学家相比,小男孩和小女孩永远更接近真理。

人们失去心之所爱。因为一次还不够,一生当中必得一而再、再而三地失去。毕竟重复是唯一有效的教学法。将存在当作一段漫长而可怕的预习,为遁入虚无作准备。

当"轻轻的风轻轻的梦轻轻的晨晨昏昏"变成"流逝的风流逝的梦流逝的年年岁岁",我反复地学习失去,但在每次失去的时候,我还是没能做好准备,没想到自己依然这么小,又已经这么老!

五

从《永恒的孩子》、《纸上的精灵》到《然而》到《薛定谔之猫》,福雷斯特的写作在经历一种稀释，仿佛一滴墨滴落在一池清水里，情节、情感和记忆慢慢晕染开，从有到若有到若无到无，这也是一个"悟空"的心路历程，很物理、很哲学也很宗教的命题。写作手法也越来越散，越来越自由，句子可长可短，从心所欲，或梦呓，或儿语，或琐碎具体，或简约玄虚。浓与淡，究其底还是那滴墨，还是那个哀悼的故事，福雷斯特说所有的故事其实都是同一个故事，都始于神话中那个创世的混沌之初，我们生活在平行宇宙（而不自知），像《罗拉快跑》、《盗梦空间》、《云图》里的情节，你真的相信眼见为实？

在书中，福雷斯特煞有介事地编了一个中国传说：很久以前存在两个世界——我们曾经的世界和镜子的世界。人们可以在两个世界自由穿梭、来去自由，生活非常融洽。两个世界截然不同，哪一个都不是另一个世界的倒影。直到有一天，镜中人决定入侵我们的世界，于是，一场旷日持久、可怕的战争开始了，最终我们的阵营取得了胜利，击退了入侵者，把他们赶回他们的地盘。从那时起，为了把两个世界的通道堵上，以免再次发生新的冲突，人们在到处竖起了无法穿越的金属板或玻璃，后来人们给这些挡板取名叫镜子。战胜者给战败者施了魔法，让后者只能拥有前者的样貌,被迫模仿他们的每一个动作。不过故事并没有结束。传说终有一天,镜中人会复仇,要砸碎囚禁他们的透明牢笼,要夺回错失的世界……

恼人的是:我们生活在镜子的哪一边?谁知道?

不疯魔，不成书
——米歇尔·图尼埃印象

米歇尔·图尼埃是一个很容易被贴上标签的法国作家：德国、哲学、神话、寓言。从某种意义上说，他的教育、阅读和朋友圈决定了他日后的创作路子。1924年12月19日，图尼埃出生在巴黎一个谙熟德语和德国文化的知识分子家庭，从小酷爱哲学和文学。在巴斯德中学，他和罗杰·尼米埃在一个班上学哲学，当时给他们上课的是莫里斯·德·冈迪拉克。之后报考巴黎高师失利，他在索邦大学获得哲学学士学位，于1945—1949年到德国蒂宾根大学继续攻读哲学，结识了吉尔·德勒兹。

图尼埃视让-保尔·萨特为"精神之父"，回国后两次考哲学教师资格未果，从此断了当哲学教师的念头，转而进入电台和电视台工作，再后来到布隆出版社当德语审稿人和译者（主要翻译埃里希·玛丽亚·雷马克的作品,或许正是《西线无战事》让图尼埃有了写作《桤木王》的灵感,用一种迥异的方式反思战争和人性)。1960年代初,痴迷摄影的他主持了一档名为"暗室"的电视节目,1970年操办了阿尔勒摄影艺术节,也是全球首个摄影艺术节。

与此同时,他进入文学圈,从读者慢慢滋养转变成作者,在写实和魔幻中找到了一条重写神话的金线。德国文学对他影响深远,歌德的诗歌,尤其是君特·格拉斯的小说《铁皮鼓》、《狗年月》、《比目鱼》给了他启发,用历史理性的棱镜折射出人类生存状况传奇、荒诞、恐怖的一面。这种手法和拉伯雷、塞万提斯、塞利纳也属于同一序列。

如果说图尼埃出道晚,作品数量也不算多(九部小说、几本短篇故事集),但他一出手就非同凡响。1967年伽利玛出版社推出他的处女作《礼拜五或太平洋上的灵薄狱》,这本逆写笛福的《鲁宾孙漂流记》的作品一举夺得当年的法兰西学院小说奖,鲁宾孙和礼拜五作为教育者和被教育者的身份被掉了个个,和笛福的主人公相反,鲁宾孙放弃了把荒岛改造成英伦文明的袖珍模型的野心,开始欣赏荒岛的原始之美,故事最后,礼拜五选择离开荒岛,而鲁宾孙则决定留下。在1971

年青少年版的《礼拜五或原始生活》中,这种回归自然的倾向变得愈发直白。在1978年短篇小说集《松鸡》中图尼埃还构思了另一种尾声"鲁滨孙·克鲁索的结局":在海上失踪了二十二年后,鲁滨孙"蓬首垢面、胡子拉碴、野里野气"地回到了家乡,还带回了一个黑人。他做生意赚了钱,娶了年轻漂亮的太太,回到了生活正常的轨道,但一年年过去,"确实有一种什么东西在内部暗暗腐蚀着鲁滨孙的家庭生活"。首先是礼拜五开始酗酒闹事,之后搞大了两个姑娘的肚子,最后被大家以为他偷了邻居家的钱财跑路了。鲁滨孙认定礼拜五回荒岛了,而他也越来越怀念那段青枝绿叶、鸟鸣啁啾、虽然不见人烟却阳光灿烂的日子。他租了一条帆船出海去找他的乐土,但乐土仿佛被海水吞噬了,再也找寻不到。荒岛一直都在,一个老舵手说,只是它变了,变得鲁滨孙不认识它了,而鲁滨孙也老了,老得连他的荒岛也不认识他了。这个故事的寓意或许在于:离开大陆,你可能会被文明抛弃,离开荒岛,你可能会被自然抛弃。在两难中,是双重的弃绝,是现代人精神无处栖居的虚无缥缈境。

顺便要提一句的是,改编后的青少年版《鲁滨孙或原始生活》成了法国中学语文的必修篇目,发行量高达几百万册,用作家自己的话说是一笔足以让他养老的"年金"。他心目中的文学典范是福楼拜的《三故事》,纯粹的现实主义手法,却弥散出令人难以抗拒的魔力。自称"哲学走私贩子"的图尼埃最擅长的,也就是在小说和故事中"变卖"柏拉图、亚里士多德、斯宾诺莎和康德的哲学思想,用神话、传说、民间故事做蓝本,通过新的演绎(常常是颠覆性的),让它呈现出不同的面貌,熟悉的故事于是有了陌生的距离,这个距离让我们重新看到镜子中或扭曲变形或真实还原的历史,还有自己。

1970年图尼埃出版的第二本小说《桤木王》借用的是歌德于1782年发表的那首神秘的同名叙事诗:

> 是谁在风中迟迟骑行?
> 是父亲与他的孩子。
> 他把孩子抱在怀中,
> 紧紧地搂着他,温暖着他。
> "我的儿子,为什么害怕,为什么你要把脸藏起来?"
> "父亲,你难道没有看见桤木王,头戴王冠、长发飘飘的桤木王?"

……

这部以二战为背景的警世小说讲述了汽车修理库老板阿贝尔·迪弗热一段带着宿命诡异色彩的经历:他在二战中应征入伍,嗜血的魔鬼本性得以淋漓发挥,这种魔力使他最后成为纳粹政训学校卡尔腾堡的"吃人魔鬼"。主人公阿尔贝曾经见到一具古尸,由于埋在泥潭里没有腐烂,那具古尸被命名为桤木王。当二战接近尾声,苏军攻入德国本土,希特勒穷途末路,卡尔滕堡的陷落指日可待。阿尔贝在尸横遍野的普鲁士土地上救下一名从奥斯维辛集中营逃出来的犹太男孩,他将这名弃儿背在肩头逃进长满黑桤木的沼泽。和传说中的桤木王一样,阿尔贝也沉入了泥炭沼,沉入了永恒的黑暗。当他最后一次仰起头,"只看见一颗六角的金星在黑暗的夜空中悠悠地转动"。小说以史无前例的全票通过摘得龚古尔奖,两年后,图尼埃自己也进了龚古尔学院,成了该奖的评委,一直到 2009 年退出(理由是年事已高、疲惫、没有胃口,为了不辜负好书和美食),这期间也有过被批评甚至被扔西红柿的尴尬经历。2006年,当乔纳森·利特尔的大部头《复仇女神》横空出世时,米歇尔·图尼埃和达尼埃尔·布朗热曾半开玩笑半认真地说龚古尔奖颁给一部写纳粹主义的小说（《桤木王》）就够了，后来有人在拍卖的名人手稿中发现了图尼埃的一封信："我劝您不要选《复仇女神》，这本书很沉重，令人悲痛。我投票给了史岱凡·奥德纪的《独生子》，这是一部杰作。"或许《桤木王》的作者担心的是"长江后浪推前浪，前浪死在沙滩上"，而他的假想敌利特尔则摆出一副"书记员巴特尔比"的高冷腔调，说自己不喜欢文学奖，"这个奖，我千方百计想逃避，不幸的是，他们还是把它给了我……我不想要这个奖……我不认为文学奖可以和文学相提并论。文学奖可以和广告、营销相比，但和文学不可同日而语。"

图尼埃此后的作品《流星》(1975)、《皮埃尔或夜的秘密》(1979)、《加斯帕、梅尔基奥尔与巴尔塔扎尔》(1980，青少年版《三王》)、《吉尔和贞德》(1983)、《金滴》(1985)、《七故事》(1998) 等多数也都或多或少带着重（改）写的痕迹：圣经故事（摩西、三王）、贞德、蓝胡子、小拇指……没做成哲学教授的小说家一辈子都在用"新寓言"的方式去思索存在和虚无："我们越往时间迈进，过去将离我们越近。"他最不能忍受的是那"像潮水一般突然在世界上汹涌澎湃、似乎要淹没世界的庸俗以及平淡"。或许还有年老，2010年5月19日他回答《快报》记者玛利亚娜·巴约时说："我不会自杀，但我觉得我已经活得太久了。我深受年迈之苦：什么事都不做，不再旅行。我感到无聊。"不疯魔，不成书，不疯魔，不成活。

当作家去世的消息传开，贝尔纳·毕沃在Twitter上发消息：从明天开始，当别人问我"谁是法国在世的最伟大的作家？"我再也不能回答"米歇尔·图尼埃"。

奥斯曼帝国的幽灵

一

《雨鼓》是我一开始就想推掉的一本书。书是好书,但真的要动手去译却不是件容易的事情。后来出版社一再盛情邀约,我只好勉强答应下来,断断续续拖拖拉拉译了有一年半时间,最后架不住编辑三番四次催逼才紧赶慢赶交了稿。

书的作者是 2005 年首届布克国际文学奖的得主伊斯梅尔·卡达莱,1936 年出生在阿尔巴尼亚南部山城吉诺卡斯特的他 1990 年才移居法国,所以 1969 年底出版的《雨鼓》是他用母语创作的。我一直不赞成转译,从阿尔巴尼亚语到法语再到中文,文本经过翻译的二度变形,冲淡再冲淡,丢失再丢失,即便译者认真,推敲再推敲,纠结再纠结,原文一不小心还是容易串了味道,变了模样。再则,小说编了一个如假包换的十五世纪奥斯曼帝国入侵阿尔巴尼亚城邦的故事:苏丹的大军在图尔桑帕夏的率领下远征阿尔巴尼亚,兵临城下,一攻一防,数月的对峙。我是女人,不喜欢战争,也不喜欢打仗的故事,阿尔巴尼亚离我很远,奥斯曼帝国于我就更陌生。卡达莱复调的叙事天才吸引了我,但在这个围城的故事里,陷在等待和绝望之中的是两军对垒的将士,也是被各种遍查字典不见的从土耳其语变身法语的专有或普通词汇层层围困的我。

二

冬天一过,当苏丹的使者再次离去,我们终于明白:战争在所难免。使者千方百计对我们施压,想让我们同意做苏丹的附庸。他们先是花言巧语,许诺让我们参与统治幅员辽阔的帝国,随后又诬蔑我们是法兰克人的走卒,换言之是投靠欧洲的叛徒。最后,不出所料,他们的把戏以威胁收场。你们以为你们的城池都是铜墙铁壁,他们对我们说,就算它们的确如此,我们也会在你们周围筑起另一层铜墙铁壁,那就是饥饿和干渴。

战争开始了：信仰基督教的阿尔巴尼亚城邦守卫军把家人送到山里去躲避战乱。"跟他们掏心掏肺地道完别后，我们回到了要塞。在高高的塔楼上，我们一直目送他们走到十字高地，之后，又看到他们出现在陡坡上，最后消失在风峡口。之后，我们关上重重的城门，整座堡垒沉寂了，现在已经没有了孩子们的欢声笑语。我们把第二道城门也一一放下，缩在堡垒里，任由寂静淹没我们。"一片孤城万仞山，留下来的，都是铁了心誓和要塞共存亡的死士。城外，是新月旗和像大章鱼一样伸展着触须把阿尔巴尼亚人的要塞慢慢缠住不放的苏丹大军一长溜一长溜的白色营帐。

力量悬殊的较量，围城旷日持久，强攻、炮轰、断水、断粮、瘟疫、挖地道……阿尔巴尼亚人以寡敌众，用山民特殊的坚韧和剽悍挡住了苏丹军队一次次猛烈的进攻。最终或许是祈祷灵验了，就在城里士兵即将被渴死的时候，下雨了。"一股浓浓的土腥味，泥土久旱之后被雨水打湿的味道，从地面升腾起来。天空中铅云密布，凝结不散，下起一场没完没了的绵绵细雨，一场真正的秋雨。"围城宣告失败，苏丹大军不得不赶在冬季冰雪封路之前撤退回首都，小说的最后，帕夏阵亡了，一辆载着他女眷的马车缓缓穿过凄凉的村庄，雨一直下……

三

"我每次写一本书，都感觉是在将匕首刺向专制。"卡达莱如是说。的确，稍微懂点历史的人都看得出来，1969年的《雨鼓》是借奥斯曼帝国的镰月弯刀来暗喻苏联在"布拉格之春"后武装入侵捷克斯洛伐克的20万华约成员国军队和5000辆坦克。1968年初杜布切克提出"带有人性面孔的社会主义"让苏联老大哥很不爽，政治民主化运动显然是对苏联专制集权统治的公然挑衅。就在苏联出兵捷克斯洛伐克之后，阿尔巴尼亚退出了在1961年加入的华沙条约组织，与苏联彻底决裂。就像作者自己说的，对十五世纪这场战争的描绘不是一部历史小说，而是一部反历史的作品，它刺中的是二十世纪依然飘着血腥味的并不那么遥远的现实。

伊斯梅尔·卡达莱最初给这本书取的名字是 *Duallet e shiut*（《雨鼓》），但阿尔巴尼亚的出版商建议改一个更英勇无畏、更斗志昂扬的名字：《堡垒》，为了凸显阿尔巴尼亚山民在面对奥斯曼帝国大军压境时抵死反抗的决心。当1971年这本书被译成法语时，译者 Jusuf Vrioni 坚持把书名又改了回去（*Les Tambours de la pluie*），卡达莱当时还觉得"仿佛天意"。英译本则选了一个折中的书名《围城》（*The Siege*），貌似不偏不倚，既是奥斯曼帝国的十面埋伏，也是阿尔巴利亚城邦的众志成城。《雨鼓》也是通过法语流传到世界各地的第三本卡达莱的长篇小说，前两本是《亡军的将领》和《石头城纪事》。

卡达莱是历史专业出身，或许正是这个原因，他的小说常常散发出一种野史和民间传说的讽喻意味，仿佛那才是被正史篡改、遗忘、湮灭的真相。正如布克国际文学奖评委会主席约翰·凯里所说："卡达莱是在阿尔巴尼亚文学、历史、民俗学、政治学等各领域都留下印记的作家。他描绘了一种完整的文化，继承了荷马史诗的叙事传统。"《石头城纪事》、《是谁带走了杜伦迪娜》、《错宴》、《梦幻宫殿》、《亡军的将领》、《破碎的四月》都是虚构，又都仿佛是历史，仿佛是现实，仿佛是我们无力摆脱的宿命和魔咒。虽然卡达莱1990年就去国别乡到了法国，题材也纵横开阔，从苏丹的奥斯曼帝国到法老时代的埃及王国，但他的关注点似乎一直都是集权统治下的阿尔巴尼亚。"写作本身就是一种抵抗。"卡达莱如是说。

抵抗命运,也抵抗遗忘。那只高高飞翔的"山鹰"似乎一直未曾离去,它在故乡的土地山川上盘旋,"啄食记忆的腐尸"。

总是同一座石头城:"平川、大路、三圣山、无名的一片片雾气,就连高山本身,从此都沉没在黑暗中,都像史前的庞大动物一样,开始搔自己的身躯,笨拙地打鼻息(我们真难以相信是走向一座高山,因为山的轮廓十分模糊,让人以为前面是一片夜色,只不过更为幽暗一点儿罢了)。"

总是同样的故事:贪婪,然后是战争,是侵略,然后战争结束,"但颂扬它的歌谣却世代流传,像云、像鸟、像幽灵"。有一天新的战争会再次爆发,因为世界就是如此,合久必分分久必合,人类是记不住教训的物种。

总是同样一批徘徊在绝望边缘的人:"世界如此沉闷,不值得让你由于想到会失去它而折磨自己。……他打开大门,走了进去,毫不留恋背后的世界。明天……他用手擦去了窗户上的雾气,可所见到的事物并没有更加清晰:一切都已扭曲,一切都在闪烁。那一刻,他发现他的眼里噙满了泪水。"我们都陷落在和梦境一样寂寞残酷的现实里,而我们都舍不得放弃"樱桃的滋味",或许一颗桑葚就可以拯救我们,就像伊朗导演阿巴斯在

1997年拍的那部电影一样。

四

记得去年12月13日,纪念南京大屠杀的第一个公祭日,早上长长的警报仿佛把历史又生生撕裂开来,天蓝得让人感觉活着是一件很奢侈的事情。记得那天下午约了画家吴湘云和上海的编辑林岚去升州路118号的"观筑"看"民国风尚——民国服饰资料展"。我和吴湘云约了先去附近的净觉寺看看,每次从地铁一号线三山街站出来,抬眼就看见净觉寺一面爬了长青藤蔓的白墙黑瓦,却一直不得其门而入,不知内里风光。

问了几个人,拐了两个弯,才找到牌坊一样的寺门,进去了才知道是一个清真寺。明洪武年间敕建,不久被焚毁,宣德五年(1430)郑和准备六下西洋前奏请明宣宗重建,弘治五年(1492)重修。我冷不丁想起手上正在翻译的《雨鼓》,那个十五世纪奥斯曼帝国围攻阿尔巴尼亚城邦的故事。在这座同样充满记忆的东方石头城里,忽然有一种被历史包围的要窒息、要哭出来的感觉。

寺里清幽,鲜有游人,两个展厅冷冷清清,一边展的是"伊斯兰教在中国的传播与发展",另一边是"伊斯兰教在南京的传承与发展"。一只猫在椅子上睡觉,晒着太阳。路边的银杏树金黄金黄的,映着蓝天格外纯净高远。院落里有像"齐英萃"、"蝴蝶厅"这样江南文人喜欢的厅堂,也有刻着"近主阶梯"、"归原途径"字样的石头拱门,应该也是教人"向善"、"迷途知返"的意思罢。礼拜大殿、望月楼、南北讲堂、碑亭……和平时看到的建筑一样又不一样,仿佛自己走错了地方。只记得一本绿色封面的《伊斯兰教基础知识》上的话:"真理已经来临了,虚伪已经消灭了,虚伪必定要被消灭。"(《古兰经》第17章第81节)

从寺里出来,再走到热闹的街市,竟然有点隔世的恍惚。我们在路边摊买了几块热乎乎的下塘烧饼,和林岚会合后就去了"观筑"。碰到黄梵和几个女诗人已经坐在主人陈卫新的楼上喝茶,于是大家一边聊天,一边喝茶吃烧饼。"民国服饰资料展"也是一个老照片展,没有时间细看,印象中照片上的人都是当时流行的穿着打扮,女的温婉,男的儒雅,不管是旗袍还是学生服,不管是西装还是长衫。最难得的是在那个兵荒马乱的年代,照片上几乎所有人的目光都安静祥和,仿佛不知道灾难正在临近或已然降临……

五

我总觉得有两个卡达莱，一个是18岁出版诗集《青春的热忱》、27岁发表长诗《群山为何沉思》成为阿尔巴尼亚首席诗人、当选劳动党中央委员的卡达莱，"秋天的夜晚来了，/共产党员们向四处分散；/平原进入梦乡，/躺在山脚下边……"（《山鹰在高高飞翔》，郑恩波译）歌颂党，歌颂人民，歌颂社会主义的卡达莱；另一个是往历史幽微处挖掘，用文字刺向集权独裁统治的小说家卡达莱：侵略、阴谋、秘密审讯、告密、栽赃、逼供……他的小说创作带给读者"一种截然不同的视角和体验：隐晦绵密，现实与虚妄交织，对民族历史的探究等"（高兴）。

《雨鼓》里听到在科索沃战役中穆拉德汗苏丹遇刺真相的史官，《H档案》里那两个定居纽约却漂洋过海到阿尔巴尼亚寻找荷马史诗的自称"民俗学家"的爱尔兰人，《错宴》里那位在街头说唱的瞎子维希普……这应该都是小说家卡达莱表演的变脸。他戴上面具走进历史，走进坟墓，带回了杜伦迪娜，带回了被埋葬的真相的影子。

以《玩笑》（1967）开场的昆德拉选择了以《庆祝无意义》（2013）收官。卡达莱满腔《青春的热忱》(1954)在漫长凉薄的岁月里渐渐凝固成了《四月的冷花》(2000)……

朱丽娅·克里斯蒂瓦不禁要问:"在普遍均质的娱乐文化中,人们的自由的反抗还可能吗?我们是否还能建立并热爱一种反抗的文化?"

粉红系，治愈系

一

或许是我一直都有些孩子气的缘故，所以就算到现在也常常能收到充满童趣的礼物。这本《苏菲的烦恼》是2003年圣诞节收到的，正是我做博士论文做到最关键、最黑天黑地的时期。法国朋友一家邀我去布列塔尼度假，住在海边，听黎明的涛声、修道院的晚祷，每天在乡间野道上暴走，看帆影、鸥鹭和南迁的大雁，下午在阳台晒着太阳，吃着松露黑巧，那只叫"李露"的英国短毛猫睡眼惺忪地趴在腿上，看小苏菲不是弄坏了蜡娃娃就是剪了自己的眉毛，不是偷吃蜜饯就是贪吃吃撑了肚子，不是把小鱼切了腌就是把蜜蜂大卸八块，的确是一件非常治愈的事情。

我当时就想，等博士论文做完，我一定要找

个机会把这套"粉红系列"介绍到中国,因为小苏菲也是我们每个人的童年:愚蠢无知,好奇任性,调皮逞强,魔鬼和天使隔三岔五在心中大战三百回合……

苏菲有苏菲的烦恼,她总是太急切;长大有长大的烦恼,我越来越觉得自己多了一个很难改正的缺点:拖延。看时间的马蹄踏过头顶,一地落红成泥。

直到2012年的那个夏天,我就像经历了海难的苏菲一样,失去了母亲,时间裂开了一道缝,生活被彻底打乱,要一点点修补,一点点恢复,要很多很多的勇气。我开始翻译《苏菲的烦恼》,我用了一个半月时间,很少出门,很少说话,虽然笑的时候还会很想哭,但最终是苏菲和露台茂盛的花草治愈了我,人总要长大,就像季节荣枯。

二

1799年在圣彼得堡出生,1874年在巴黎去世,"粉红系列"的作者塞居尔伯爵夫人自身就是一个传奇。苏菲娅,也就是后来的塞居尔伯爵夫人,出身沙俄名门,祖系蒙古金帐汗国(钦察汗国),有成吉思汗的高贵血统,父亲是赫赫有名的费奥多·罗斯托普钦伯爵,教父是沙皇保罗一世本人。家中有地 45 000 公顷,农奴 4 000 名,曾任外交部长的父亲还请过苏格兰的农学家来庄园指导种地。小苏菲娅从小接受的是俄罗斯贵族家庭教育,会五种语言,法语自然不在话下。

1812 年 6 月 24 日夜里,不可一世的拿破仑一世率领近 60 万大军进攻俄国,9 月 14 日占领莫斯科,而当时的莫斯科市长就是费奥多·罗斯托普钦,他接受了总司令库图佐夫元帅的计策,下令焚烧莫斯科(和他的领地沃罗诺夫),为了不让它完好无损地落入拿破仑军队之手。在放弃莫斯科城的同时,罗斯托普钦下令撤离城里的消防设施,还释放了囚犯,条件是每个囚徒要负责去一个街区放火。大火整整烧了四天,莫斯科变成一座空城。10 月 13 日,寒流袭来,气温骤降,大雪纷飞,拿破仑不得不决定撤兵,在饥寒交迫和俄军的不断袭击骚扰下,法军一路溃退,伤亡惨重。

以退为进、后发制人的计划成功了,但罗斯托普钦遭到了在莫斯科大火中失去家园的居民、贵族和商人的反对,也渐渐失去了沙皇的宠幸。伯爵被这一连串的打击搞得筋疲力尽、心灰意冷,1814 年他向沙皇请辞,只带了一个仆人离家出走,先到了波兰,之后是德国、意大利,最后去了法国，所到之处都受到了英雄般的欢迎。1816年，伯爵举家迁往巴黎定居，从此，苏菲娅·罗斯托普钦娜的生活改变了。

在法国浪漫主义理论的奠基人斯塔尔夫人1817年去世前的那段时间，罗斯托普钦一家曾去过夫人在马图兰街40号的家中做过几次客，不知道这位沙龙女主人对年轻的苏菲娅（到法国之后，她的名字就入乡随俗成了苏菲）是否有过文学上的影响。

很快罗斯托普钦为女儿找到了门当户对的对象，1819年苏菲嫁给了欧仁·德·塞居尔伯爵，前法国驻俄罗斯大使塞居尔元帅的孙子，拿破仑的副官、差一点在莫斯科大火中丧生的菲利普·德·塞居尔的侄子。欧仁是个帅哥，一开始小两口的婚姻生活也的确和美，但好景不长，欧仁是浪荡公子，衣着光鲜（有时他会去黎什留街110—112号巴尔扎克的裁缝布松的店里去做衣服），宝马香车，不仅在外头拈花惹草，还经常在家里和女仆偷情。婚后住的瓦雷恩街6号（今天的48号）成了苏菲的伤心地，因为很快丈夫就三天两头不着家了。

1820年，欧仁、苏菲和他们的长子加斯东到塞居尔一个亲戚家度假，住在尚岱城堡，期间参观了一个待售的城堡,城堡公园里的桦树让她想起家乡沃罗诺夫的桦树。1922年1月,已携家眷回俄罗斯的罗斯托普钦伯爵买下这座城堡送给远在法国的女儿,一来让女儿有个属于自己的安身之所,二来聊解女儿怀乡思念家人的愁绪。从此位于奥布乡间的诺埃特城堡成了伯爵夫人和子女常住的地方,直到1872年。

三

倍受丈夫冷落的季戈涅妈妈[1]把所有的爱都给了她的八个孩子,之后是她的那群孙子孙女。季戈涅妈妈/奶奶带孩子的一大技能就是讲故事,1855年,56岁的她写了第一本小说《新童话》,究其因无非是为了给两个跟父亲去伦敦生活的小外孙女卡米耶和玛德莱娜解闷。接下来的故事有两个版本:一种说法是塞居尔夫人在一次家庭沙龙时为了缓和聚会的紧张气氛,给朋友路易·弗约(Louis Veuillot)念了几段自己写的小故事,后者觉得不错就推荐她的书在阿歇特出版社出版;

---

[1] 法国木偶戏中的角色,身材高大,从她衣裙里会走出一群孩子,常用来形容多子女的母亲。

另一种说法是她丈夫塞居尔伯爵时任东部铁路公司主席，而出版商路易·阿歇特跟他联系想推出一套"铁路童书系列"并取得在车站销售的垄断权，不久伯爵顺便把妻子介绍给了出版商，1855年10月第一本书签约，只签了1000法郎，由居斯塔夫·多雷配插图的《新童话》于次年12月出版，一炮打红。

信心满满的伯爵夫人决定从此给家里的每个孩子都写一本书，随后出版的《苏菲的烦恼》(1858)、《两个小淑女》(1858)和《假期》(1859)都很畅销，出版社于1860年不失时机地为"季戈涅奶奶"量身打造了专属的"粉红系列"，先后20部童书均由名家配插图，成了阿歇特这块金字招牌底下经久不衰的经典系列。

写作并没有给伯爵夫人的日常生活带来太多改变:她每天把闹钟调早一小时，早晨4:30起床。梳洗完，写作一小时，然后做弥撒，早餐。叫醒家里人，孩子，孙子孙女……继续写作。午饭。读书。午睡和/或者散步。晚饭。写作。写作给她带来最大的改变或许是经济上的，很快她就要求出版社把版税直接付给她，从某种意义上说，她和乔治桑一样，成了第一批靠稿费生活的女人。在败家的丈夫不再负担家里的开销后，她在版税问题上和出版社更加锱铢必较。

四

塞居尔伯爵夫人的创作原则是:"只写你见过的",这也是她和之前佩罗、格林童话还有同时代的乔治桑、安徒生童话最大的区别,其他人写的是仙境是奇遇是魔法,而"粉红系列"的基调是写实是琐碎是日常,是自己家、邻居家每天都在上演的故事,是每个孩子成长的烦恼:自作聪明、调皮捣蛋、撒谎贪吃、自私自利、和小伙伴打架斗狠、被父母教训打骂。她也常用亲友的名字给书中的人物命名,比如苏菲是伯爵夫人自己的名字,保尔是女婿的名字,玛德莱娜和卡米耶是两个外孙女的名字。与其说她写的是童话,不如说她开创了19世纪法国儿童小说的先河。融合故事、童话、短剧元素的"粉红系列"用简单清新、幽默风趣的笔触描绘了日常生活的许多细节,就像一个随时可以转出法国十九世纪儿童生活和风俗世情丰富图景的万花筒,让人爱不释手、百看不厌,难怪马塞尔·提奈尔(Marcelle Tinayre)称伯爵夫人是"孩子们读得懂的巴尔扎克"。

《苏菲的烦恼》是塞居尔夫人童年生活的真实

写照，正如她在书的开篇写给外孙女伊丽莎白的一段话里所说：

> 亲爱的孩子，你常对我说："哦！外婆，我真爱您！您真好！"其实外婆并不是从小到大都那么好，她和很多孩子一样，小时候很坏，但和他们一样，后来改邪归正了。下面说的是一个小姑娘的真事，外婆小时候跟她很熟；小姑娘以前脾气暴躁，后来变得温柔乖巧；以前很贪吃，后来变得稳重；以前爱撒谎，后来变得真诚；以前会偷东西，后来变得诚实；说白了，以前她是个坏孩子，后来成了好孩子。外祖母曾经也像她一样，努力让自己变好。我亲爱的孩子们，也向她学习吧！这对你们而言并非难事，因为你们没有苏菲那么多的缺点。

在那个和她一样名叫"苏菲"的小姑娘身上，塞居尔伯爵夫人显然看到自己童年的影子：用三叶草和喂狗的水泡了过家家的茶硬逼小伙伴们喝，自己偷吃了蜜饯却想骗妈妈是老鼠偷的，为了臭美用熨斗烫布娃娃和自己的头发，好心放走关在笼中的灰雀结果鸟被猫吃了……而现实生活中有点歇斯底里的母亲卡特琳娜·普罗塔索娃更像是《两个小淑女》中那位凶巴巴气咻咻的继母菲西尼夫人，动不动就用不许吃饭和毒打的方式来惩罚她，苏菲变得叛逆，越来越不服管教，因为害怕挨饿挨打关黑屋，她学会了撒谎，成了自私顽劣又可怜孤独的孩子。小时候，在沃罗诺夫庄园盼着长大的苏菲或许无数次幻想过自己有一个温柔贤淑的母亲，或隔壁庄园有位好心的夫人来拯救她，用关爱和善良教育她、感化她，而她自己也可以成为像卡米耶和玛德莱娜一样乖巧懂事的小淑女。

据说塞居尔伯爵夫人平时的行为举止也有一点歇斯底里，可能是遗传了母亲的基因，也有人说是因为风流丈夫过给她的花柳病，她偶尔会发发神经，很长一段时间都不愿意开口说话，所以和身边亲友交流有时是靠写的。我相信在某种程度上，写作可以治愈心灵，它为得不到宣泄的情绪提供了一条幽暗的通道，通道的尽头或许就会看到光明，就算这条道一直是黑的，但一直走就一直有希望，有光明的幻想。冷酷的现实在纸上有了温度，变成温馨团圆的样子，所有蓝调灰调都涂抹上五彩斑斓的糖果色，在梦中，在童话里，我们得到了补偿，拥有了自己想要的生活和甜蜜。

所以说，"粉红系"也是"治愈系"，她治愈了塞居尔伯爵夫人，也治愈了曾经对生活失望过的我们。

五

"教育"是"粉红系"的关键词，也是19世纪塞居尔伯爵夫人所处的那个时代的关键词。从拿破仑颁布的《关于公共教育的基本法》（1802）到《基佐法案》（1833）和《费里法案》（1881—1882）的出台，法国逐步确立了国民教育"义务、免费和世俗化"三原则。基础教育开始普及，女子也得到了上学的机会，随着报刊书籍和印刷出版业的繁荣，儿童文学和青少年文学蓬勃发展，尤其是1850年后，儿童文学更加关注儿童心理和教育方式问题。

"苏菲"的故事简单说是如何变成一个好孩子的故事，是塞居尔伯爵夫人作品经常涉及的主题，也是她常被后人诟病"说教"的原因。用蚂蟥吸血、在膏药上撒樟脑粉末、动不动放个血嗅个盐、用新鲜树胶和盐水治狂犬病、和父母严格用"您"称呼的时代已经一去不复返了，但如何做（教）一个好孩子却是永远不过时的热门话题。在塞居尔伯爵夫人的小说中，教育对孩子的成长起着决定作用：坏榜样和压抑的环境会让孩子变得胆小粗鲁，而太宽容和溺爱又会让他们变得自私和骄纵。孩子做错事往往是因为受到了暴力和不公平的待遇，发脾气是不能解决问题的，要给孩子安静下来反省自己的时间和空间，要用耐心和爱去化解，最终让孩子自己意识到是非曲直和美丑善恶。

就像白天做错了事、晚上睡不安稳的小苏菲做的一个梦：

> 她梦到自己站在一个花园的门口，隔着一道栅栏；花园里开满了鲜花，结满了看上去很好吃的水果。她想方设法要进去；天使把她往后拖，忧伤地劝她说："别进去，索菲；别尝那些看上去很好吃的水果，它们都是又苦又涩，还有毒。这个花园是恶之园。让我带你去善之园吧。""可是，"索菲说，"去善之园的道路崎岖不平，有很多石头；而另一条道路却铺满了细沙，踩上去很舒服。""是的，"天使回答，"但坎坷的道路会带你通往乐园。而另一条道路会带你去到痛苦伤心的地方。在那里，一切都是邪恶的；住在那里

的生物都很凶狠残酷；如果你痛苦，他们非但不会安慰你，反而会嘲笑你，他们会亲自折磨你，让你更加痛苦。"

梦里苏菲犹豫了，她看了看满是鲜花水果、细沙绿荫的花园，又朝崎岖荒芜、仿佛没有尽头的道路看了一眼，扭过头挣脱天使的手走进花园。在邪恶的花园里，果真就像天使说的，花是臭的，果子是苦的，孩子们都欺负她，最后她想起一直等在栅栏门口的天使，她回到天使身边。天使带她走上那条崎岖的道路，一开始很难，但道路越走越平坦，越走越美丽，等待她的是真善乐国。

道理很简单，童话里，现实生活里，古今中外都一样：知错能改善莫大焉。

而最可悲的，莫过于：明明知道自己错了，却没有勇气回头。

"玫瑰"的故事

一直很喜欢法国飞行员作家圣艾克絮佩里，因为他的文字有一份既崇高又稚气的美，像高山上的空气，很干净、很纯粹。2000年圣诞节的时候，我收到了这份礼物：法文版的《玫瑰的回忆》。书看得很快，我很投入，仿佛"玫瑰的故事"打湿了自己曾经的岁月，心房里涨满了许多莫名的哀伤。忽然有一种念头，觉得这本书就是我的，我一定就是它的中文译者。曾经也翻译过不少东西，但很奇怪，第一次有这样一种感受：希望这些文字能从我的心里、我的手上流淌出来，像音乐，像一首不压韵的诗。之后，我立刻和上海译文的师兄冯涛联系，给他介绍这本书，给他寄书评。出版社审查通过后，便是联系买版权；买了版权后，师兄就给我挂了电话，说："是你的书了，你现在就可以译……"

我知道它会是我的，它果真是我的。近二十万字的初稿，两个月就全部译完了，仿佛文字在身后扬着鞭子赶我，而我一路跑着，顾不上看两边的风景。生活变得简单，除开吃饭和睡眠，几乎就只剩下两件事：给学生上课，还有翻译。龚苏萝和圣艾克絮佩里的故事就这样占据了我的头脑，不管我愿不愿意，书中的一些文字就在嘴边，仿佛一不小心就要溜出来。这就是征服，被这本书完全征服。不由自主地想哭，想在别人的故事里忘了自己，天地间似乎就只剩下那朵单薄的玫瑰，那么美丽，那么孱弱。

作为圣艾克絮佩里的妻子，龚苏萝身上维系了太多的传奇和令人费解的谜。1927年，这个来自中美洲萨尔瓦多、像"小火山"一样倔强的女子应阿根廷官方邀请，越洋来参加第一个丈夫戈麦兹·卡利洛的葬礼。在朋友的介绍下，龚苏萝结识了当时正在布宜诺斯艾利斯负责南美洲邮航的圣艾克絮佩里。像大男孩一样的飞行员对这位优雅、美丽、执拗的"岛上小鸟"一见倾心。龚苏萝也被圣艾克絮佩里在飞行间隙写的文字深深打动。

于是交汇时互放的光芒把两颗像星星一样的心灵维系在一起，天上的童话吸引着他们，龚苏萝有孩子的单纯和执着，圣艾克絮佩里有孩子的天真和任性。两个人的世界一开始就是潮湿的,圣艾克絮佩里哭着说:"您不吻我,是因为我长得丑。"龚苏萝怀里揣着天上的大鸟写给她的情书,哭着在教堂向上帝寻求感情的答案;在市政厅结婚登记处,圣艾克絮佩里又哭了,"我不能在远离家人的地方结婚"……感情一直是咸的,因为有太多的泪水。1931年,两人终于走上了结婚的礼堂,但幸福似乎总是和他们失之毫厘,仿佛两人从来就没有为这个婚礼真正准备好一样。

回到巴黎,圣艾克絮佩里成名了,《夜航》荣膺费米娜奖,接踵而至的是荣誉、鲜花和不胜其烦的应酬,但光荣只属于丈夫一人。妻子被冷落、被排挤,她躲在自己的角落织补破碎的心灵,灰姑娘嫁给了王子,但没有像童话中写的那样成为公主、回到城堡过上幸福的生活。在女崇拜者温柔的包围中,有的是做妻子的龚苏萝寂寞的失眠和苦涩的泪水。不是彼此不爱,只是相爱的方式不对;不是彼此对对方不好,只是有外界太多的喧嚣介入到二人的世界。在天空中飞来飞去,圣艾克絮佩里一直就没有真正长大。他不会设计生活,没有丝毫的经济头脑;他出尔反尔,今天让妻子找了公寓、交了定金,明天就可以毁约,事前不和妻子打一声招呼,自己一个人飞到地角天边。不知道为妻子设身处地,于是无知的错误里有一份残忍,但龚苏萝承受了,绝望中总是希望着、等待着,等待夜航的结束,等待情感的黎明。

圣艾克絮佩里是一个非常以自我为中心的人,他要的东西就一定要得到,他不想失去的东西就绝不放手。他自己拈花惹草,却多次阻止龚苏萝嫁给别人。1944年,圣艾克絮佩里在二战一次侦察任务中飞机坠入大海,和小王子一样,永远地消失在地平线上。留下那朵他生命中最爱的玫瑰,如他在《小王子》中所说:"我太年轻了,不知道如何去爱她。"

生活在传奇里,他们的故事有很多超出常人想象的点滴。为什么爱得这么深,这么痛,这么彻底,又这么伤心?从拉丁美洲到法国,从法国到西班牙,从西班牙到非洲,穿越时空的爱恋,聚散总有这样那样的理由,只有爱没有理由。托尼奥说"来,龚苏萝,我需要你",于是她来了,不远千里,像一个宽容的母亲永远无法放弃自己的孩子;托尼奥说"走,这里没有你的位置",于是她蜷在心灵黑暗的角落哭泣。丈夫死后,在流落美国的孤独中,龚苏萝用她松散、倾斜的字体,写下她和作家-飞行员的生活。后来,她将手写稿用打字机打印在薄薄的纸上,笨拙地将它们用黑色的硬纸板装订起来。她记录的只是她和爱人的生活，不想评价是非对错，那是她作为"玫瑰"的回忆。

文稿在她死后留下的行李箱里一搁就是25年，她一直深爱着丈夫，以属于她的方式，怀念过去的幸福和辛酸，用沧桑过后的宁静和笑容。龚苏萝就是那朵有四根刺的玫瑰，她以为自己很坚强，能照顾自己，可以用她的刺从容应对人生，但刺刺痛更多的是她自己稚嫩的心灵，因为骄傲。如今，一切都平息了，在回忆里，她收敛了刺，用质朴的笔触写下她和圣·艾克斯的故事。别人的评说，就让它随风而去吧。

就这样，《玫瑰的回忆》在圣艾克絮佩里百年诞辰的时候得以重见天日。它是一份从另一个角度见证圣艾克絮佩里的人生记忆，给我们开启了飞行员作家夫妻生活的许多不为人知的内情，让我们接触到一个更加真实的圣艾克絮佩里：不仅有他天才迷人的一面，它让读者看到翅膀合上后，天上巨人懦弱、不成熟甚至冷酷的一面，"人"的一面。

终于校完了翻译的初稿，仿佛走出了传说中的魔沼；雾终于散了，平淡的日子又浮出水面。套在冬天灰色的大毛衣里，思想很慢很慢，像一条冬眠的鱼。或许只有在埋头翻译的时候，心才能做到没有一点旁骛，仿佛自己也有那么一份不远不近的等待，等待灰姑娘最后找到她的王子，等待玫瑰花终于开在"他"的心上。

十五年过去，这本书又回到了我手里。

在《小王子》和它的衍生品铺天盖地向我们袭来的时节：n个译本、音乐剧、画展、立体书、3D电影、碟子、杯子、抱枕、挂历、钢笔、橡皮、笔记本、主题公园……那朵玫瑰花显得格外安静，安静得有点落寞。

从某种意义上说，2015年也是我的"《小王子》年"，作家出版社推出了我翻译的《小王子》典藏版、"小书虫读经典"版，乐乐趣和陕西人民教育出版社推出《小王子》立体书，选的也是我的译文。而我从三月份为江苏交广网"春风沉醉读书会"第一期做了关于《小王子》的讲座之后，又给南大高研院、南艺美术馆、人民大学苏州校区、南开大学、广东外语外贸大学做了几场大同小异的讲座，为"江苏广播"的"开卷八分钟"和"文艺新天地"录制了两档节目，参加了在北京国际图书展"永远的小王子——名家谈经典阅读论坛"暨《小王子》立体书、典藏版、小书虫读经典多形态首发式活动并接受了"大佳网"的采访，在天津第三届全国绘本馆年会和广州方所都做了读书分享和签售活动。

同样的话，重复多了，再精彩也变得聒噪无趣。我依旧喜欢这个简单朴素、带着淡淡忧愁味道的故事。但在人多的地方，小王子给我的感动反而变得有些稀薄，有些做作。我无限怀念从前一个人，在静夜里，把这个故事说给自己听，被作者、也被自己感动到哭。

重读《玫瑰的回忆》让我再度变得安静。用了一周的时间校稿，又一次沦陷在玫瑰的情绪和故事里，不能自拔。这本书对我之所以很重要，不仅仅是因为它是初出茅庐的我自己做选题选的第一本书，我要对它负责，也因为它在某种程度上对我进行了爱的教育，我要对我爱的人负责。

这一年，我也最终找到了我的王子，婚礼的请柬是我自己设计的，用的是我自己画的《小王子》的一帧插图：小王子拿着玻璃罩子要为玫瑰花遮风挡雨。那个玻璃罩子画得有些可笑，透视法用得不对，但我希望，我们相爱的方式是对的。"忘了玻璃罩子吧"，我是那朵有四根刺就叫嚣着让老虎尽管来的玫瑰，但不要让那些刺，刺到我的手，刺到你的骄傲。但哪天不小心被刺到，请原谅那些刺,它们一定不是故意的。

于是我明白,玫瑰的故事,也是我的故事,是每一份让人变得成熟的爱情都或多或少会经历的故事。

爱了,就不要回头,因为在神话故事里,所有回头的人都会在那一刹那化成盐化成石头。

把爱情进行到底,以玫瑰之名!

"是谁到地府一游,又为了什么?"

你就是这道黑暗却强烈的光束,从属于你的夜晚,照亮了他们曾经看不见的白天。

——爱德华·勒维

分裂、纠结、谵妄、敏感,加一点含蓄的古典主义,这便是写书和拍照片的法国艺术家爱德华·勒维(Edouard Levé)留给世人的浮浅印象。2007年10月15日,42岁的他在家中结束了自己的生命,就在他把书稿《自杀》交给POL出版社十天后。这让作家的死看起来更像是一个自导自演的行为艺术,连细节都做到了极致。

爱德华·勒维一直都不是一个安分的人,毕业于令无数人艳羡神往的法国高商(ESSEC),他却对艺术一往情深。从1991年开始,他迷上了抽象画,画布上的颜料想必已经开始泄露他心底的焦虑和躁狂。1995年他去印度旅行,为期两个月,回来后毅然决定放弃绘画,几乎烧毁了自己所有的画作。一切归零,他拿起照相机开始用镜头创作。当镜头也不足以表达他内心的声音时,他又拿起了笔。三本摄影集《焦虑》(2002)、《重构》(2003)、《虚构》(2006)和四本书《作品集》(2002)、《日记》(2004)、《自画像》(2005)、《自杀》(2008)是一场两种艺术形式的对话,又像一个马赛克拼图游戏(mosaic puzzle),艺术家把谜底藏在他作品的碎片里,他狡黠地对不明就里的读者说:"你猜?"

有些书读过跟没读过一样,但有些书直击你的心灵,让你看自己看世界的眼光发生了改变,而且每读一次,这种感受就越真切。《自杀》无疑就是这样的书,短小,如浮生一梦、刹那芳华,表面上风平浪静波澜不惊,暗地里风声鹤唳草木皆兵。"如果你还活着,或许你跟我最终形同陌路。然而你死了,你在我的心里鲜活无比。"小说讲述的是一个介于真实和虚构之间的故事:"我"在对十五年前自杀的"你"倾述,那一年"你"二十五岁,正值青春。"你不孤单、不贫穷、不酗酒,也没有被抛弃。你有一个家庭、一位妻子、一群朋友、一座房子。你不缺钱。"但每次看到流浪汉，"你"总会在他们身上看到自己未来可能的结局：沉沦。"你"担心自己会变成"一具依然呼吸、依然吃喝的行尸走肉"。这样的人生无异于慢性自杀，"你"开始焦虑、开始烦躁、开始怀疑，记忆力下降、失眠、反应迟钝，一句话："你"抑郁了。

医生给"你"开了抗抑郁药，不见好转，"你"又去看了医生，他给"你"开了三种抗抑郁药。直到有一天："你看到一片窗板上的油漆脱落了，打算再刷一下。放刷子的杂物堆里光线昏暗，散发着一股味道，你一下子就回到了现实。这熟悉的味道让你想起自己吃药前的样子。你意识到药片带来的欣快有多么假。兴奋之后的疲惫感出现得比以前多了。你自控能力下降了，药物在左右着你的脾气。为了一点人造的幸福而丧失自由意志，这值得吗？你决定结束依靠化学产品的日子，它分裂了你，或让你神志不清。可你的身体已经适应了它。你得在新的苦恼和煎熬中度过两周才能做回自己。"你害怕一个人的无聊，也害怕一群人的无聊，更害怕面对面枯坐无语的两个人的无聊。束手无策，只好干等？等什么？等死。

某种少年维特的烦恼："你"还年轻，而"你"的苦恼却无药可治，因为这种苦恼"毫无来由"。每个人都会经历某些"严重的时刻":此刻有谁在世上的某处哭,无缘无故地在世上哭,哭我。生活的秩序已经被"你"的死亡打乱,从此"你"只活在"我"错乱无序的记忆里,有一种达达主义超现实的美。

《自杀》中的"你"是镜子中的"我",也是陷在抑郁症里不能自拔的作者爱德华·勒维自己,让我想起里尔克在十四行诗中吟咏的那位去冥府找寻爱人的色雷斯诗人俄耳甫斯:

> 你必须去过阴影之间,
> 在那里为你的琴调音,
> 如果你想有足够的眼界
> 谱写出传唱久远的赞颂。
>
> 你必须坐下与死者
> 一同进食,分享他们的罂粟,
> 如果你想有足够的记忆,
> 保存最细致的一个音调……
>
> 世界必须是双重的,
> 声音才可能,
> 永恒而温和。

"故事在哪里?故事在黑暗里。所以人们会说灵感来时是灵光一现。进入叙事——进入叙事过程——是一条黑暗的路,你看不见前面的路。诗人也明白这一点,他们也走在黑暗的道路上。灵感之井是一口向下通往地底的洞。"玛格丽特·阿特伍德在《与死者协商》中如是说。

心灵敏感的人总是活得比常人更加不易:"抑郁来袭,此城将倾。"

而尼克·霍恩比的《自杀俱乐部》却设计了另外的结局:伦敦四个失意绝望的人在新年守岁夜不约而同爬上"礼帽大厦"楼顶想跳楼自杀。他们一个是跟15岁少女上床而身败名裂的电视名人马丁,一个是除了照顾自己严重残疾的成年儿子没有自己生活的中年妇女莫莲,一个是因为姐姐几年前神秘失踪而一直走不出心理阴影的少女杰丝,还有一个是乐队解散、女友分手的美国摇滚歌手JJ。意外的相逢让四人敞开心扉,大家讲述各自不幸的遭遇,第二天一早各自回家,从此他们组成了一个奇特的四人组,相约在未来的某一天一起自杀,换言之,相约在那一天到来之前都勇敢地活着,哪怕面对"一团糟"的生活:"这种生活搞得我连腰都直不起来。感觉就好像走在隧道里,隧道越来越窄,越来越黑,还开始渗水了，我弯腰驼背，前面挡着一块大石头，我什么工具也没有，只有一双手指甲。也许人人都有过这样的感受，可我没必要一直耗在这里头。无论如何，那个除夕夜，我实在是受够了。我的手指甲都挖没了，手指都破了，实在是挖不动了。"无以为继说的是一种无力感，"我们已经尽力走到了最远，再也无路可走。我猜人人都是因为这样才分手的，乐队也好，朋友也好，婚姻也好，都是一样。派对，婚礼，一切。"把自己逼到绝境，于是唯一的出路只剩下：逃避。

　　生活难免遭遇意外，撞出一个触目惊心的大窟窿。"把蹲监狱的几个月形容作人一生中最糟的时光就好比把车祸发生的瞬间说成是最糟糕的几秒钟一样。听起来挺合逻辑，挺对，挺真实。其实不然，因为最糟糕的事在后面，当你醒来，躺在医院里，得知你太太去世了，或者你的双腿已经被截肢，这时候最坏的才刚刚开始。"难的是要把窟窿堵上，"甭管什么——填满就成"。

　　谁都曾软弱地想过放弃，这一份想死的心，这一份精神上的挣扎，每个人在生命中可能都曾有过，这种黑暗的诱惑藏匿在心底，认真地考虑第二天早上"我"是不是还想醒来面对这个处处和"我"过不去的世界。然而，可能正是对死亡有了认识才让我们决定活下去。

当忧伤得到倾述、得到分担,痛苦就会减轻甚至慢慢消弭,除了干坐着郁闷,我们还有很多事情可以去做,比如:倾听别人、帮助别人。那么九十天结束的时候,"我们在屋顶上见面,微笑,拥抱,知道我们都已经走出了阴影。"JJ说,上过楼顶的人和没上过楼顶的人其实没有那么大的不同;那些坚持下来的人距离自杀也没那么远。就算我们徒劳地悲伤,我们依然必须徒劳地坚强,这便是西西弗给予我们的勇气。

　　一首温暖的歌,一段甜蜜的爱情,我只见到过,却从未得到过。
　　一个安静角落,一个真诚的拥抱,我只见到过,却从未得到过。
　　……
　　如果是生活欺骗了我,我是不是还要坚强地活着?当我看见幸福又擦肩而过,我得到了什么,我失去了什么?

如果是生活欺骗了我,勒维说:那我也骗了它。我不是真的自杀,我把生命变成了文字,给你力量,给你光。

爱猫札记

1

"猫爱吃鱼,却不想弄湿爪子。"

这是法国十世纪的一句谚语。当"六点"推荐我译七百多页的《猫的私人词典》时,我在微信上第一时间发了这句深得我心的话。

但我还是忍不住弄湿了爪子,被这本外表学术理性、内里柔媚缠绵的书迷住,而且还抓了三位同样爱喵的学生跟我一起把爪子伸进深深浅浅的文字里,我们捉到了鱼。

这本书有一种矛盾的美,用作者弗雷德里克·维杜的话说:"一方面,是按照字母顺序排列的严谨和单调。另一方面,是在浓情蜜意中神游的自由。一方面,是片段、有条不紊的简短注释和论述所体现的客观。另一方面,是这个话题必然导致的感性和主观。"到底是人驯服了猫,还是猫驯服了人?到底谁是谁的主人?据说如果你喜欢猫,那是因为你想爱一个人,如果你更喜欢狗,是因为你渴望被人爱。我觉得这话说得很有道理,爱猫的人通常爱心泛滥,也因为爱得多,"就会偏心,就会片面,甚至会不公平或过分,这是自然。"所以我们爱猫常常爱得没有原则、没有道理。

从远古的猫到木乃伊猫到克隆猫,从童话里的猫到绘画中的猫到诗人笔下的猫,从埃塞俄比亚猫到查尔特勒猫到檐沟猫……这本砖头厚的《猫的私人词典》最让我感动的词条,还是曾经走入过作者弗雷德里克生命中的猫:谜一样的老祖宗法贡奈特、爱猫使者莫谢特、忠心耿耿的尼斯,还有和菲茨杰拉德的妻子同名的泽尔达。深情款款的文字也让我坠入记忆的长河,勾起一些如水漫过青苔的柔软又潮湿的心事。

2

不知道为什么,小时候我一直以为自己属猫,说的时候摇头晃脑,两只小手五指张开抚着看不见的胡须,神气活现。大人们觉得好玩,从不戳穿我,捂着嘴笑,有时还伸手摸摸我的脑袋,就像在摸一只天不怕地不怕的小猫。

后来有一天,一个顶真又博学的幼儿园小朋友告诉我,十二生肖里根本就没有猫,而且我不属虎也不属兔、不属龙也不属蛇、不属马也不属羊、不属猴也不属鸡、不属狗也不属猪还不属牛,我是属……老鼠的!而且不幸的是,事实证明他是对的,我嚣张的气焰一下子就被灭得灰头土脸,这应该是我人生受到的第一次沉重的打击。

但我还是喜欢猫。

当时父亲刚开始教我在家画画,毛笔,水墨,而我最拿手的就是画猫。为什么是猫,家里也没养猫,究其原因或许是因为餐桌上总摆着一把猫状的茶壶,我口渴了就会抱着对着壶嘴喝。茶壶是龙泉青瓷的质地,猫端坐着,伸着一只爪子是壶嘴,而翘起来的尾巴是把手。至于还画过些什么别的,我几乎没了印象,不过每次画完,我脸上、手上、袖子上免不了会沾上不少墨水,活脱一只小花猫。

而我的画居然在县城的幼儿园得了奖,和另外四位小朋友一起被选派到丽水参加地区少儿绘画比赛。比赛在一个礼堂进行,摆了好多课桌,也有人直接铺了纸在地上画。我画得潦草,说得好听是写意,三下五下就画完了,抬头看不少小朋友纸还没铺好,架势还没拉开。老实说,我那天画得真不咋地,我完全可以选择重画一张,但我没有,我就这么坦然地接受了自己的平庸。

带五个小朋友去丽水的是教音乐的蔡老师,很年轻,小眼睛,短头发,笑眯眯的。比赛后我印象很深的是蔡老师带我们去了万象山公园,还去儿童游乐场坐了"飞机","飞机"开始升空时小朋友们都在拼命尖叫,我一直记得那种晕乎乎的快乐和不敢撒手的恐惧。之后我们在公园里合了影,回县城后蔡老师把照片洗出来给小朋友们一人一份,一张合影,一张是她的单人照,侧着身,一只手扯着一根柳条,扭过头来端庄地笑着。公园里灌木矮小,湖水和对岸的亭子一览无遗。十几年后我们家从县城搬到了丽水,周末常带着侄女去万象山公园,我们也在几乎一样的位置拍过照片,只是公园里的树木长高了,只能隐约看见浓翠中露出的一角亭子。

3

真正跟我一起生活过(或者不如说我跟它一起生活过)的猫是李露(Lilou),那是 2003 年,我在巴黎三大-新索邦做博士论文的那段时间。周末和放假我一般都在郊区的法国朋友家住,那年秋天朋友家在巴黎综合理工学院读书的儿子说同学家的母猫生了一窝,希望母亲 B 可以领养一只,"有漂亮的,有聪明的,有活泼的,有深情的……""那就要那只深情的吧!"猫领回家的时候两个月大,B 给它取名 Lilou,说听上去很中国,我说 Li(李)在中国是常见的姓氏,lou 的发音是"露",李花上的露水,的确很东方情调呢。

李露很快就跟我混熟了,晚上会跳到我的被子上,趴在我的脚边呼呼大睡。有时我嫌它捂得热,一脚把它踢开,它出于骄傲,会假装口渴,跑去客厅的花瓶那里喝口水,然后若无其事地回来,再次跳到我的床上,继续趴在我脚边心满意足地呼呼大睡。

小猫总是活泼,于是 B 给它买了不少玩具,嫩黄色的绒毛小鸡,灰不溜秋的小布老鼠,还有一堆五颜六色的弹珠大小的纸球。它最喜欢的就是满屋子踢纸球,然后从犄角旮旯里一颗颗找回来,藏到它自己的角落像守着一堆财宝。而它的深情,是在某个周末我回来,就在我开门换居家的便鞋时,我突然发现,所有的小纸球都塞在我的鞋子里,这是李露思念我的一种方式。

爬树是猫的天性，客厅里有棵大盆栽，我们不让李露爬上去，但李露瞅到空就在下面窜来窜去，不出几个星期树就摇摇欲坠。最后我们只好把吸尘器拿出来放在树边，李露这才悻悻作罢，因为它在家最怕的就是吸尘器这个噪音怪物，B一插上电在家吸地，它就一秒钟溜得无影无踪。因为还小，B从来不放李露出门到小区草木森森的大院里玩耍奔跑，但外面的世界看着那么美好，白墙黑瓦映着绿树红花，李露常常坐在阳台的栏杆上眺望，一动不动，不完全是，只有尾巴尖在微微地摆动，证明它在思考。人类一思考，上帝就发笑。小猫一思考，乌鸫就傻乐。乌鸫是一种长得和乌鸦很像的鸟，不过嘴巴是黄色的，声音婉转多变，性格莽撞好斗。到了冬天，阳台的栏杆就成了它和小猫对峙的场所，乌鸫大大咧咧地飞过来，啄着B铺在栏杆上的黄油和面包屑，小猫不动声色看着跑到它领地里的入侵者，慢慢弓起背，瞪大眼睛，乌鸫着实觉得小猫摆架势的时间过于漫长和做作，猛地冲过来"咿呀咿啾啾啾"地挑衅，小猫大吃一惊，噌噌噌后退几步，谁知一个踉跄竟然失去平衡，从二楼摔了下去。一直隔着落地窗看着这一幕的B和我哈哈大笑，冲到阳台往下看，李露躺在楼下邻居的花园里，我们又担心又好笑地飞奔下楼,在花园里把猫抱出来,它似乎还有点懵,我们看它完全没有受伤,又忍不住大笑,李露羞愧自己刚才掉链子的表现,又愤恨平日里那么宠爱它的我们这么肆无忌惮地嘲笑,于是假装虚弱,任我们抱它上楼,之后一整天都窝在家里闷闷不乐,一声不吭,看都不看一眼窗外的风景和……凯旋的乌鸫。

有次 B 一家外出度假,我留在家里做论文顺便照顾小猫。论文做到百无聊赖的时候,我就出门逛个超市,或许是怕我也会弃它于不顾,只要我往门口方向去,李露就会嗖地跑过来,喵呜喵呜地堵在门口,于是我就给它套上项圈,放在买菜的篮子里拎着它出门。第一次出门它非常好奇,也非常胆小,很快就爬到我身上让我抱着,在超市买东西的时候它就站在我的肩膀上,在巴黎西郊小镇的超市,一个中国姑娘肩上扛着一只小虎斑猫买鳄梨法棍和希腊酸奶,应该是一道很特别的风景吧。

春天到了,李露也快一岁了,B 决定让它出去闯一闯,于是我们看到李露白天在屋前屋后的树上草地上撒欢。第一次捉了老鼠兴冲冲叼到楼上摆在门口的擦鞋垫上邀功,被我们骂过几次后还是会常常在楼下撕心裂肺地叫唤,叫我们去看它捉到的青蛙、鸟和……刚出生的绿颜色的刺猬！而我每次看到它天真无邪的凶残和猎物半死不活的绝望时，总是恶狠狠地数落它，它无辜地看着我，显然小猫只是为了炫耀它的捕猎技术，博得我的几句称赞，因为它并不会吃它的猎物，只是用各种手段玩弄它、折磨它，冷酷，用一种与生俱来的优雅。

李露最爱吃的，是我做的红烧鱿鱼，生的它不吃。自从放养后，李露每天一早就出去撒野，不玩到天黑不会回来，有时天黑了还不知道回来，B 就会拉着我在小区一路 LilouLilouLilou 地喊，跟叫一个玩疯了忘了回家的孩子一样。但只要是早上集市买了鱿鱼回来，我在厨房水龙头下清洗的时候，李露都会溜回来看看，凑着水龙头喝几口水，谄媚地跟我喵几声，好像叮嘱我烧好了一定要给它留一份似的，然后假模假式地再巡视一番，闻一闻看上去像白橡胶一样的生鱿鱼，最后摆驾出宫又撒欢去了。B 说李露一直都没有走远，它就在房子周围的某个树丛上盯着屋子里（当然也有屋外）发生的一切，的确，有时候仔细看，就会在某棵树上找到它的身影，一只耳朵或突然摆动的尾巴。

后来母猫李露开始发情，夜里叫得凄凄惨惨

切切，于是 B 狠狠心带它去了兽医那里，手术做得很顺利，但李露显然受到了巨大的惊吓和痛苦。手术那天我在学校，到了晚上 B 打电话给我，说你明天如果没有课能不能来一趟？李露从兽医那里回来后就缩着蹲在那里一动不动，不吃不喝也不理她，她很担心它就此一蹶不振，甚至担心它一心向死。第二天一早我就动身去了郊区。李露看到我，终于有气无力地喵了几声，我拿了它爱吃的吃食喂它，端了水给它喝，它有了一点点力气后就喵呜喵呜地述说它的经历，它所受到的无耻和彻底的背叛。最后它终于在我轻轻的抚摸中入睡了，慢慢打起轻轻的呼噜。

它是一只大度的猫，很快就原谅了人类的过错，忘记了曾经的噩梦，重新找到了自信和快乐。

再后来，因为儿子高中毕业，B 要来中国和被公司外派的丈夫 F 团圆，李露被送给一位八十多岁的老太太，有趣的是她和科莱特的母亲有一样的名字，茜多太太，她是 F 小时候的钢琴老师。据说李露慢慢在老太太的调教下变成了一只沙龙猫，优雅，高贵，只有一次它从家里逃出去，被路上的车辆吓到了，爬到一棵树上死活不肯下来，是老太太叫了消防队员才把它解救下来。它是不是又装出一副要晕倒的样子？只不过这一次，像十八世纪宫廷里的贵妇人?

李露最打动我的,是我回国内教了六个月的书后再去巴黎继续做论文。B开车到地铁站接我,到了小区门口停好车,我拖着行李箱和B一起在小路上一边说话一边往家走,突然,从草丛中,像一个疯子一样,跑出来一只虎斑猫,扑过来抱住我的腿喵呜喵呜地叫,李露竟然没有忘记我!

其实这么多年过去,我也一直没有忘记它。

4

大黄,也称黄主任,是南大甚至是全国高校人气最高的喵。在蓝鲸大学仙林校区辽阔的校园里,天天宠幸三妻四妾,照拂一众儿女,并按时领受南大同学们虔诚献上的食物和赞美,现世安稳,岁月静好。

据说在 2015 年 weavi 网发布的大学情怀排行榜中,大黄代表南大出战,"一举击败了武汉大学珞珈山野猪、浙江大学求是鸡、重庆大学学霸雁、西工大三哥、中山大学猫头鹰、北京大学学术猫、厦门大学屌丝鹅、北师大乌鸦、同济大学孔雀、西北农林科技大学克隆羊等强劲对手,以南大气势,携九州风雷,问鼎中国校园神兽榜,引发数千万人类和数百家媒体的疯狂膜拜。"最近又听说蓝鲸大学的童鞋们又推出了大黄专属毕业纪念册和笔记本、印着大黄头像的校徽、大黄系列文化衫……

这只当年蹲坐在教育超市门口扑闪着大眼睛靠卖萌发家的小花狸猫如今养得膀圆腰粗,子嗣不计其数。有次我们一群人在图书馆门口遇见它,不能免俗地挨个抱起它合影,大黄沉甸甸地在我怀里直往下滑,我笑得灿烂,而它一脸嫌弃,宠辱不惊。

然而不公平的是,去年南大首届猫王争霸赛竟然没有了大黄和大黄家族的身影,报名参赛的都是有主的家猫,南京大学师生校友有近200只养尊处优、饫甘餍肥的萌猫刷屏,从教育研究院王运来教授家憨态可掬的"咪咪"到法语系外教薛法兰家嘴角长了一块媒婆痣的"水饺",从哲学系张异宾教授家读报纸的"妞妞"到文学院杨柳老师曾经救助过的流浪猫"佐罗"(据说这只智商极高的"黑老大"被成功领养,过上了听琴赏龟的神仙日子,我只是想:"你们问过那只龟的感受吗?")……虎斑猫、波斯猫、加菲猫、英短、美短、缅因猫、中国狸花猫、中华田园猫……德语系11级的一个同学给她家的老佛爷拉票:"我家的老佛爷，名叫 MIGI，是一只高冷的大龄处女喵，喜马拉雅猫品种，卖得了萌、耍得了酷、捣得了蛋、装得了傻、卖得了乖、揍得了人。她已经陪伴我和我的家人 15 年了，为我们带来了很多欢乐和亲情，我的整个学生时代都充满了她的身影。"你能忍住不给它投票吗？

热闹是别人的，大黄和大黄家族依然在校园里生生不息，天晴时成群结队在草丛湖边露个小脸，高兴时跑过来蹭一蹭童鞋的裤脚，享受一下人类的抚摸。当大黄盘踞在图书馆高高的台阶上傲视群雄时，目光慵懒却依旧霸气十足："放肆，我是南京大学黄主任！"

5

文人爱猫养猫，单单从诺贝尔文学奖得主中就可以报出一长串名单，且都是有图有真相：吉卜林、叶芝、萧伯纳、赫尔曼·黑塞、安德烈·纪德、艾略特、威廉·福克纳、丘吉尔、海明威、加缪、萨特、贝克特、帕特里克·怀特、布罗茨基、南丁·戈迪默、辛波斯卡、奈保尔、帕慕克、多丽丝·莱辛……写过《猫事荟萃》的莫言应该也可以算一个。

《猫的私人词典》自然也谈到很多作家的猫和他们笔下的猫，我也忍不住八卦一下。

1904年夏天的午后，梅雨初晴，一只出生不久的小猫迷路后跌跌撞撞闯进了夏目漱石的家。翌年一月发表的《我是猫》就是以这只小猫为原型创作的，成了出道不算早的作家的处女作和成名作。

这部明治维新以后的作品充满着知识分子在新旧两个世界徘徊的惶惑，一群穷酸潦倒的书生成天插科打诨、玩世不恭，一边嘲笑捉弄别人，一边又被命运和时代捉弄和嘲笑。那只自称"咱家"的猫对人类的观察和讽刺十分酸爽："人们那么呕尽心血，真不知想干什么。不说别的，本来有四只脚，却只用两只，这就是浪费！如果用四只脚走路多么方便！人们却总是将将就就地只用两只脚，而另两只则像送礼的两条鳕鱼干似的，空自悬着，太没趣儿了。"口是心非、作茧自缚是人类最大的弱点："他们自找麻烦，几乎穷于应付，却又喊叫'苦啊，苦啊'。这好比自己燃起熊熊烈火，却又喊叫'热呀，热呀'。"我很喜欢译林出版社出的于雷的译本，言语里透着东北人特有的趣味和剽悍，就像他在译序中描绘东北的大雪，"总是那么魁伟、憨厚，却又沉甸甸、醉醺醺的"。

在微信圈看日语系的老师和同学晒夏目漱石旧居和墙头那只猫的雕像、岩波书店出的老版封面和插图，总会让我幽幽地神往。其实我心里一直有两个疑问：夏目漱石在写《我是猫》之前，有没有读过霍夫曼《雄猫穆尔的生活观》呢？鲁迅在写《狗·猫·鼠》时，脑子里是否闪过当年一度迷恋的日本报刊上连载的《我是猫》呢？

每一只猫都有魔法，都那么特别。我一直想看多丽丝·莱辛的《特别的猫》，去网上书店搜居然遍寻不见，只有孔夫子旧书网上有，价格颇有哄抬物价之嫌，最后托浙江文艺出版社的编辑阿花在库房找了一本。从非洲到英伦，莱辛的生活里一直都有猫的陪伴，甚至有太多的猫，尤其当她小时候住在非洲农庄的时候，"小猫实在是太多了，而在我们看来，小猫简直就跟树上的叶子一样，先从光秃秃的枝丫上冒出来，渐渐变得青翠浓密，然后再枯黄坠落，每年周而复始地重复同样的过程。"我一直认为是非洲这段内心既复杂又绝望的经历为她日后和猫的相处打下了蓝色的基调："在我和猫相知、一辈子跟猫共处的岁月中，最终沉淀在我心中的，却是一种幽幽的哀伤，那跟人类所引起的感伤并不一样：我不仅为猫族无助的处境感到悲痛,同时也对我们人类全体的行为而感到内疚不已。"记忆总是挥之不去,只有世界在你脑海中最初的映入才是决定性的、不可更改和撤销的,有一种宿命的意味。"在过了某个特定年龄之后,我们的生命中已不会再遇到任何新的人,新的动物,新的面孔,或是新的事件:一切全都曾在过去发生,过去一切全都是过往的回音与复诵。甚至所有的哀伤,也全是许久以前一段伤痛过往的记忆重现。"

或许,这也是为什么我一直拒绝自己养猫的原因,我担心在它闯入我世界的那一刻,我会愕然地看到,自己已经不记得的那块——命运的胎记。

哲学、政治、文学和偶尔跳出来搅局的性

"思想和意见的自由交流是人的最珍贵的权利之一:任何公民都可以自由言论、写作、出版,除非他滥用自由触犯了法律。"

《人权和公民权宣言》,1789年8月26日

一

1750年,38岁的让-雅克·卢梭以《论科学与艺术》一文崭露头角。成名后,卢梭决定毕生都要过其论文中所描述的"合乎自然的简朴的生活"。他从衣着穿戴开始对自己的生活方式进行"改革":不锦衣玉食,不穿白色长袜,不戴金银配饰,尤其是从此安之若素,不追名逐利。1752年10月18日,他的芭蕾舞剧《乡村巫师》在路易十五的离宫枫丹白露上演,大获成功。国王准

备亲自宣布要赐他一份年金。那晚,卢梭考虑再三,最终决定恪守自己做人的原则:我行我素,自由自在。他没去觐见国王,放弃了做御用文人那份唾手可得的丰厚年金。他的理由很简单:"一领了年金,我就不敢说真话,就失去了言行的自由,就不能勇敢行事了,我往后还能独立自主和远离名利吗?一接受了年金,我往后就得阿谀逢迎,或者闭上嘴巴,什么话也别说。"第二天天一亮,他就离开了枫丹白露。

卢梭选择了说话,说披肝沥胆的真话,一部《忏悔录》他把自个儿全豁了出去,"我把一个人的本来面目真真实实地展示在我的同胞面前;我要展示的这个人,就是我。"书是在作者死后才出版的,而这部被某传记作家称为有"道德裸露癖"的回忆录其实在1778年就已经写成,旨在严格按照一个人的本来面目作如实的描绘,"这样的画像,过去未曾有过,很可能将来也不会再有。不论你是谁,既然我的命运和我的信任使你成为这本书的命运的裁决者,我就凭我遭受的苦难,并仰仗你的仁心,以全人类的名义,恳求你不要封杀这本独一无二的和有益世人的著作,因为它可以用来作对人的研究(这个工作现在肯定尚无人从事)的第一部参考材料;我还恳请你不要篡改这部唯一能在我身后证明我永远不会被我的敌人败坏的高洁人品的记录。"但担心什么来什么,这本书还是因为公开了作者暧昧、不体面、露骨的性生活而被教皇庇护七世列在了 1806 年的"罗马禁书目录"里。直到 1929 年,美国海关还曾经以"败坏公共道德"为由禁止进口《忏悔录》,虽然这条禁令在次年就被废除了。

卢梭的个案至少说明了两方面的问题:一方面,查禁归查禁,教会主张的种种对性的约束在 18 世纪下半叶还是明显松懈了,最直接的体现就是非婚生子女(卢梭本人就有五个)和未婚先孕的比例明显增多,在大城市,1860 年非婚生子女的数量占到了新生儿的 12%,在工人聚居区这个数字高达 20%,手淫、鸡奸也不再是讳莫如深的话题;另一方面,整个社会的教育热忱无限高涨,作为自学成才的标杆人物卢梭更是在《爱弥儿》中宣扬让孩子的身心在大自然中自由成长,通过逐步掌握和体验周围环境来自己教育自己,更在《忏悔录》中现身说法,把自己推向公众舆论的风口浪尖。此外,启蒙时期知识界的交往(论坛、学院、书籍、报刊、沙龙、社团……)开创了一个新的公众空间,尤其是到十八世纪下半叶,标志传统社会的王权和教会的权威受到了严重质疑和公开抨击，书籍和报纸兴风作浪，和巴黎六七百家"不断有人谈论国家大事"的咖啡馆一唱一和，某种自由辛辣的批判精神蔚然成风，这种时代的"气质"渗透到当时的文化风俗当中，"政治化的过程"让公众舆论越来越直接地承担起大众文化的重担，在一个行将就木的旧世界，百科全书派的贤哲们带着"理性的傲气"，把怀疑和求知的种子播向四方，掀起一场切切实实的"阅读革命"。

二

1789年无论在政治上还是文化上都是法国历史一道显而易见的分水岭。革命造成了君主制传统的编年史出现了断裂，而填满这个沟壑的首先是革命的语言，1789年争得的言论自由撼动了整个出版业，也撼动了王权旧制的根基，在血肉横飞白色恐怖红色恐怖此起彼伏的年代，革命发出了自己的声音，一切都在转瞬间分崩离析，一切都在改头换面，弥漫在空气里的除了血腥的气味，还有让人飘飘然的自由的迷醉："一切皆有可能"，砸碎万恶的旧世界，我们用想象再造一个崭新的明天。据史学家统计，仅1789年这一年，法国就创办了近200种新报刊,其中巴黎140种,外省30种,国外20多种,比此前20年间创办的报刊总和还多。就在同一年,还有3000多种书籍和小册子问世,在大革命的最初四年里,又出了10000种。报刊和出版业成了革命的号角,从某种意义上说,它造就了法国大革命,宣扬了启蒙思想,唤醒了民众,为革命涂抹上梦想和诗意的颜色:"这是一个梦,但不仅仅是一个梦"。

移风易俗,树新风、造新人,改变是全方位的:《马赛曲》,三色旗,旧日的夫人、小姐、先生都忙不迭自豪地称自己是"女公民"、"男公民"。革命让很多教会的神圣权力转移到了共和国的市政厅,1792年9月,出生、婚姻、死亡都在市政府登记注册,1793年8月,婚姻成了一份民事契约,由一名公务员当着四名证婚人的面就可以办理,盖了印章的"感情契约"对结婚有效,对离异也同样合法。虽然《女权宣言》没有像《人权宣言》一样得到法律的认可,女性参政并获得选举权的提案也遭到了男权社会的断然打压,但大革命反对家暴、为次子甚至私生子争取继承权、受理女方提出的离婚请求,从某种程度上的的确确提高了女性的社会地位。

而文学的头等大事就是教育民众懂得并行使

其义务和权利，这种文学应该从国家生活的重大事件中选取题材，面向所有公民，而不再是有闲的沙龙阶层消愁解闷、调情逗趣的专利。这种新文学的诉求在共和二年花月10日（即1794年4月29日）创办的一份"哲学、政治和文学报纸"——《十日报》上体现得淋漓尽致："整个文学应该以某种形式投入新的世界。昔日古人在此方面付出的努力与获得了新生的今日法国人应该做的努力，为我们思考健康的批评和对欣赏趣味作敏锐的观察，开辟了新的天地。欣赏趣味必须扩大，批评必须明晰和包容广泛。"呼吁文学要跳出狭隘的阶级视野，不再一味地为贵族阶级写作，而应该关注社会现实的"真实"所在，作家应该去描绘、去勾勒那些属于所有人又能让所有人都认出和感觉到的时代特有的印记。

至于文化，"砸烂主义者"认为"宗教物品，即使是艺术品也应和王家物品一样在废除君主制时统统砸烂，因为它们的拟古性质及其引起的记忆都会'损害'自由人的目光"，这种过激的破坏言论唆使民众在一段时间里群起毁坏教堂和教堂里的绘画和雕塑、去挖王室的坟墓、毁坏君王的画像；而另一个捍卫法兰西共同文化遗产的呼声也一浪高过一浪，最终于1793年10月24日促成了保护文化遗产的法令的签署:"为了教育国民,可以搬动的与艺术或历史有关的纪念性公共物件,凡带有受禁标识,而去除这些标识必会对物件造成损坏者,就搬到最近的博物馆里加以保存。"在几个月内,卢浮宫、自然历史博物馆、法兰西古迹纪念馆先后开放,参观者人头攒动,络绎不绝。革命文化的轨迹就是:最初的断裂催生并滋养了一种新文化,但这种文化因为缺少传统根基很快就无以为继,大革命的文化视野建立在彻底的断裂上,而法国从骨子里、根子上仍旧是一个崇尚传统的国家。这两种力量的拉扯、矛盾、妥协和调和为寻找新的道路提供了契机和可能。

三

　　法国大革命摧毁了旧的社会秩序,只是"自由、平等、博爱"的许诺一时间并没有逐一兑现,相反,政权的反复让法国社会陷入四分五裂、支离破碎的泥潭,紧随而来的十九世纪几经改朝易主、时局无比跌宕动乱:拿破仑的法兰西第一帝国、波旁王朝复辟、路易·菲利普的七月王朝、二月革命后的法兰西第二共和国、拿破仑三世的法兰西第二帝国、巴黎公社、法兰西第三共和国。

革命和反革命，两种传统都得到了继承，一边是民主、创新、批判和理想国，一边是虚无、忧郁、厌倦和世纪病。但不论是哪种传统，都映射了一个事实：政治已经不可避免地渗透到文学的每一个细胞。《论坛报》的"专栏文章之父"于连·路易·乔弗瓦（Julien Louis Geoffroy）认为"文学争论中唯一能够叫人感兴趣的方式，是把文学放在其社会风俗的关系之中进行考察"，考察宗教、政府、社会制度在哪一点上可以影响一个民族的欣赏趣味和看问题的方式，借助同时期的作品研究"一个世纪的精神"。斯塔尔夫人（Germaine de Staël）在1800年发表《从文学与社会结构的关系看文学》，一方面提出要研究宗教、社会风俗和法律对文学的影响，另一方面是考察文学对社会风俗的反作用，她认为"人们并未对影响文学精神的道德和政治原因进行过足够的分析"，每个时代都因地域环境、世俗和历史需要的不同而产生不同的文学。德国的浪漫主义和狂飙突进，歌德的"世界文学"的构想，工业革命、殖民地和美国的崛起，这一切都为十九世纪的法国文学打开了一个广阔的新视界。雨果在《短歌集》中号召："去，向世界人民说去吧！"

报纸和出版业的繁荣让大众文学应运而生，

被儒勒·雅南（Jules Janin）斥为"文学霍乱"的连载小说风靡起来，文学成了和餐包咖啡一样普及的日常消费。这种商业化、规模化的文学生产被圣伯夫批判为"工业文学"，多少有一点对知识分子文化投机的不屑与讽刺意味在里头。但总体而言，此时的法国文坛弥漫着一股浓郁的关切社会的入世风气。夏多布里昂、雨果、拉马丁、司汤达等都有过从政的经历，作品中也不乏政治的敏感触角和论战火辣的硝烟味，不过更重要的，是他们都从动荡的政局中完成了个人思想上的成熟与转变。夏多布里昂于1797年发表《革命论》，1814年发表论战性小册子《论波拿巴和波旁王室》，1816年发表《根据宪章建立的君主立宪政体》，1831年出版《复辟和选举产生的君主政体》，先后做过驻瑞典、德国、英国、罗马教廷的大使，贵族院议员，内阁大臣，外交大臣，在政治的浑水中几番大起大落让浪漫主义作家对政治彻底失望，最终选择了退隐避世，专事《墓外回忆录》的创作。而15岁就立志"要么做夏多布里昂，要么什么都不是"的雨果同样也经历了政治的洗礼，从保王党逐渐转变为一个对暴政、对宗教和司法黑暗口诛笔伐的坚定的共和主义者，面对国家的前途未卜，自身流亡多舛的命运，雨果始终抱定

一个光明的信念:

> 未来的时代!春暖又花开!
> 各国人民都已脱离苦海。
> 走完了沉闷的沙漠茫茫,
> 黄沙过后,会有茸茸青草;
> 大地如同新娘子一般美好,
> 而人类将是定亲的新郎官!

1885年5月22日,法兰西民族的伟大诗人雨果病逝巴黎,全国上下一片缟素,6月1日,雨果灵柩被置于凯旋门下,供万民瞻仰,随后被迎进先贤祠。这是法国乃至欧洲最大规模的一次葬礼,正如安德烈·莫洛亚所言:"一个国家把过去只保留给帝王与统帅的荣誉,给予一位诗人,这在人类历史上还是第一次。"

四

1898年1月13日,爱弥尔·左拉在《震旦报》上为被诬陷向德国出卖军事机密的犹太上尉德雷福斯上尉辩护,一声"我控诉"成了二十世纪知识分子政治介入的起点,从此政治声明、宣言、公开信和请愿书就成了知识分子(尤其是左派)的合唱（有时候有领唱）。政治介入成为有组织的集体行为，知识分子的联合签名产生了一定的威慑作用和社会反响，成为意识形态领域对抗的全新武器。虽然左拉随后被控诽谤而获罪判刑，匆忙逃去英国，但他要求"正义"和"公理"的呼声唤醒了进步人士和普通民众的良知，要求平反冤案的呼声此起彼伏，最终德雷福斯上尉在蒙冤 22 载后平反，被宣布无罪。

1902 年，左拉在巴黎的寓所被人恶作剧堵塞了烟囱导致一氧化碳中毒，窒息而死，有传言他为政敌所害，但终因查无实据而不了了之。

1756 年 5 月 27 日，伏尔泰写信给蒂埃里奥（Thiériot）："我宁肯喜欢一句轻率的诗，而不喜欢一句平淡的诗。"这句话听上去似乎云淡风轻，波澜不惊，但我猜想当时已过耳顺之年的伏尔泰定是联想到了人类文明史上一段段明白不明白的公案背后，或许都曾经有过一句轻率的诗，在寂寞的黄土下，无声地吟唱。

最后一个莫西干人：莫里斯·纳多

一

艾尔内斯特·弗拉马利翁走了，贝尔纳·格拉塞走了，加斯东·伽利玛走了，罗贝尔·德诺埃尔走了，勒内·亨利·朱利亚走了……2013 年 6 月 16 日，102 岁的莫里斯·纳多（Maurice Nadeau）也走了，作为 1966 年创刊的《文学半月刊》的掌门人，莫里斯·纳多出版社的社长，从某种意义上说，是这位嗅觉敏锐、眼光独到的伯乐为法国读者"发现了"维托尔德·贡布罗维奇、乔治·佩雷克、理查德·赖特、杰克·凯鲁亚克、亨利·米勒、麦尔坎·劳瑞、库切、索尔仁尼琴、莱奥纳多·莎沙、萨缪尔·贝克特、娜塔莉·萨洛特、罗兰·巴特、米歇尔·韦勒贝克……

就在一个月前，莫里斯·纳多还在为《文学

半月刊》的未来煞费苦心。他在5月16号的那一期上发了一个SOS求救信号:"报纸面临的是死亡的威胁",这种威胁已迫在眉睫,不是再撑一年半载的问题,濒临倒闭的报社恐怕连几个星期都撑不下去了。老社长提出要把《文学半月刊》办成一个股份合作企业,只要花上100欧元,就可以成为这份A&HCI报纸的股东(画外音:解放军快去拯救《文学半月刊》吧!)。多么诱人的一步险棋!但对于这个老牌的托派分子,最后要动用资本主义的小把戏来解决报纸的生存问题,这一招"金蝉脱壳"使得是有多惨烈、多无奈啊!"别让《文学半月刊》死掉!"这是"最后一个莫西干人"的精神遗嘱。一个浪漫英雄的时代眼看着走到了穷途末路,从个性化小作坊起步的法国文学出版社能否逃过被散发着金钱气息的跨国集团——收编的运命?

话说伯乐眼光虽好,却没有赚钱的头脑,无敌的文学嗅觉并没有让莫里斯·纳多发家致富,通常"千里马"在他这里钉个掌、盖个戳就跑到其他出版社的马厩里撒欢了。他也从不生气,一直沉浸在"相马"的乐趣里。是他推出了大卫·鲁塞第一本关于集中营的作品《我们死亡的日子》,该书于1945年斩获勒诺多奖;是他在1947年出版了一部关于萨德侯爵的研究和亨利·米勒的《殉色三部曲：色史、情网、梦结》，尽管战后思想领域里盛行各种审查、各种敏感；是他最早在法国介绍美国黑人作家理查德·赖特，出版波兰大作家维托尔德·贡布罗维奇的《费尔迪杜凯》，发表皮埃尔·保罗·帕索里尼的诗歌、瓦尔兰姆·恰拉莫夫的《科利马的故事》、克莱尔·埃切勒利的《爱丽丝或真正的生活》、亨利·詹姆斯未发表的手稿、南非作家库切的作品……当他1965年出版乔治·佩雷克的处女作《物》和1994年出版米歇尔·韦勒贝克的处女作《斗争领域的延伸》（改编成同名电影后有了一个既振奋人心又艳俗的译法：《愈爱愈勇》，大受年轻人拥护）时，有谁那么笃定地看好过他们？只有纳多。

二

莫里斯·纳多，1911年生人，出生不久父亲就战死在凡尔登的战场上。由国家出钱抚养，他先被寄养在兰斯的工人家庭，后来才回到在餐馆当了厨娘的母亲家里。俄国革命和底层劳动人民的生活体验让他径直就投入了法国共产党的怀抱。不识字的母亲并不理解他的政治诉求，当她在兰斯街头看到儿子和工人们一起游行示威时,忍不住质问:"你跟这些小混混一起到底要混哪样?"

莫里斯一直是个做什么都特别认真投入的孩子,认真的学生,认真的唱诗班男孩,听党话跟党走。1931年的一天,他在保尔·尼赞开的《人道报》的书店里读到一本托洛茨基的书,这本书让他改变了立场,法共把他清理出队伍,他很快就加入了皮埃尔·纳韦尔领导的一个托派小组,成了该组织的积极分子。政治和文学,莫里斯·纳多很快就选择了自己的未来之路,从托洛斯基主义到超现实主义,两者只有一步之遥,前者是把革命进行到底,后者是通过语言改造现实,同样都是"敢教日月换新天"的激进和彻底。1945年他写了《超现实主义史话》,这本书没有讨到超现实主义的旗手安德烈·布勒东的欢心,却受到《战斗报》主编帕斯卡·皮亚和社论作者阿尔贝·加缪的赏识和邀约,莫里斯成了《战斗报》文学版的负责人,1951年他更是当上了主编。他在报纸上最早刊登了罗兰·巴特的一些文章,撰文为亨利·米勒辩护,也是他第一个评论萨缪尔·贝克特。他和战前就已功成名就的作家几乎没有合作,他感兴趣的是新人:新的表达、新的气息、新的风格。他在几家出版社和杂志社游走,当丛书主编,写文学评论，出任文学奖的评委……直到二十世纪七十年代末，他创办了以自己名字命名的出版社：莫里斯·纳多出版社。

三

1966年3月15日，由莫里斯·纳多和弗朗索瓦·艾尔瓦尔创办的《文学半月刊》出现在巴黎街头的大小报亭，2.5法郎一份。虽然大众读者对这份稍嫌晦涩艰深的文学报感到陌生，但在之后的47年里，这份发行量维持在7000份左右的报纸却一直活跃在法国文学的圈子里，成了一个无可替代的风向标。2009年，当报纸发行第1000期的时候，纳多回忆说："和弗朗索瓦·艾尔瓦尔一起，我们认为现在各种文学报都是仰出版社鼻息的，而我们的抱负是要办一份真正服务作者的文学报。"事实证明，在一个越来越庸俗、越来越"娱乐至死"的年代，这份"不依赖任何人，既不依附强权，也不仰仗政党和派系"的独立报纸有它自己的抵抗和坚持，纳多一直忠于自己的文学诉求和办报原则。

《文学半月刊》不给作者开稿费。确切地说，是从1966年的第二期开始不给。不是不想开，而是开不起。因为主编很快就发现：办报纸真的很难。还好这一路上，报纸的那帮作者和纳多一样，都是不计报酬的文学"公仆"，至今为止，半月刊有过上千名合作者，不少是知名的学者、作家、翻译家和各领域的专家，长期合作的作家中有四人进了法兰西学院：雅克琳娜·德·罗米丽（Jacqueline de Romilly）、安吉洛·里纳尔迪（Angelo Rinaldi）、埃克托·比扬肖蒂（Hector Bianciotti）、多米尼克·费尔南德（Dominique Fernandez）。一直不离不弃支持报纸的不乏文坛前辈和大腕：贝克特、米肖、福柯、杜拉斯、米雄……因为这也是一份真诚、开放的报纸，"作家有权利写任何东西"。纳多欢迎任何风格、任何声音，不管是结构主义还是苏联的持不同政见者，不管是离经叛道的亨利·米勒还是流亡中的塞利纳都可以在《文学半月刊》上找到自己的位置和支持。

但同时，他一直在为报纸实际的生存问题殚精竭虑。《文学半月刊》从创刊开始"一直都缺钱"，纳多承认，"我们没有人手，没有财团做后盾"，所有工作人员都是"志愿者"。从某种意义上说，半月刊早就习惯了濒临破产的窘境，反正一直缺钱，一直不缺的是有品位的读者，不计报酬的作者，几千名忠实的订户，社会上各种捐款和全国文联的资助。半月刊最早的办公地点是在内斯勒街一个图书俱乐部仓库的一个角落。后来报社搬到庙街，在一个让警察局都头痛不已、弃而不管的大楼里。纳多依然记得当初业主接待他们时说的话："这里头闹得厉害，你们也要进去闹？"最后，报社搬去了蓬皮杜艺术中心，乍一听这一次似乎相当不错，只是各位看客不晓得，搬进去的时候，中心还在建设……山穷水尽的时候，莫里斯·纳多会拿出一两件苏拉热、米罗、贝克特或娜塔莉·萨洛特的作品拍卖，于是半月刊就这样苟延残喘，竟然撑了47年。"四五年前，天上掉下来五万欧元，"纳多说，"我们一直都不知道这笔钱是从哪儿来的，银行不愿意告诉我们这张支票是谁开的。"今天，《文学半月刊》每个月赔6000欧元，所以还得找新的出路……

在1966年《文学半月刊》的创刊号第三版，莫里斯·纳多打出了一个骇人的标题："世界末日？"评论的是让-玛丽·居斯塔夫·勒克莱齐奥的《大洪水》，这本书被选为那一期半月刊的推荐书目。也就在同一期还刊登了贝克特的一篇文章，非常贝克特式的标题："够了"。是偶然吗？是天意吗？这两个标题加在一起给人的联想更像是一个现代寓言。

四

伊莎贝尔·汉娜和爱德华·罗耐在《解放报》上分析这份报纸"活不下去"的症结是因为"这份报纸很少有人知道,读它的人就更少",在全球经济一体化的工业机械化大生产时代,光靠友谊、人脉、无条件的忠诚和某种社会责任感来办报纸的确是一个太过乌托邦的浪漫情怀。"我会死在工作岗位上,安娜可以接我的班。"这话是纳多在2000年说的,万万没有想到的是,他的精神伴侣、半月刊创刊以来一直担任秘书一职的安娜·萨洛特竟然在2008年先他而去。"97岁要接受这样的打击,太惨了!"在绝望中,或许只有工作才是最好的慰藉,坐在工作台前,看书、写作、接待作者、剪贴、排版、看样……两个月来,半月刊的合作者们看着老主编日渐消瘦、日渐虚弱。两周前,他儿子吉尔过来宣布说,他父亲命数快到了。最后两周,老莫里斯重读了卡萨诺瓦的回忆录,他还会到圣马丁街的办公室坐一坐,因为那里是他一直坚守的岗位。

6月16日,102岁的莫里斯·纳多死了,但《文学半月刊》会活下去!

吉尔·纳多支持并一步步推行父亲把报社改

为股份合作企业的计划:"我们不得不增加资本,有八万欧元的亏空要填补,而且我们也需要钱投入。"自从纳多在5月16号那一期《文学半月刊》上呼吁过后,第一时间就通过邮件转来了17000欧元的赞助和11000欧元的捐赠,有些钱真的是漂洋过海而来,这也说明了报纸的影响力,国外的知名大学和图书馆都有订阅,尤其是日本和美国。"如果报社变公司,那意味着什么?"也有合作者忧虑重重,"谁来代表我们?"给半月刊免费写稿、免费服务了二十年的狄芬娜·萨姆瓦约所担心的是这个一直都独立于资本主义体系之外的报纸在改制后是否还能坚持自己的文学传统和立场。

当100欧元一股认购的消息从半月刊的报纸和网站上放出去以后,最后一个莫西干人的号召得到了很多积极的回应。截至7月1日,网上在线认购已达33400欧元,通过邮局认购55100欧元,登记资产为45735欧元的报社很轻松就筹到预期的80000欧元,还不算网上和邮局捐赠的38887欧元。资金到位了,这个秋天,《文学半月刊》会采用一个怎样的新形式新面貌运作?说到底,在开山掌门人莫里斯·纳多之后,谁接班?

2008法国文学奖：法国的，世界的……

"一切皆有可能。"

2008年，黑小子奥巴马当选了，闷声不响的勒克莱齐奥获诺奖了，龚古尔奖颁给了阿富汗作家阿蒂克·拉伊米（Atiq Rahimi），勒诺多奖颁给了几内亚作家蒂埃尔诺·莫内南博（Tierno Monénembo）……李白说："只要功夫深，铁杵磨成针。"这是东方"耐心之石"的隐喻和劝诫。

意外也不意外。继1985年克洛德·西蒙、2000年高行健之后，也该轮到法国作家获诺贝尔文学奖了。如果有，笔耕45载春秋、出版50多部作品的让－玛丽·居斯塔夫·勒克莱齐奥也不啻为法国当代文坛最美的收获（之一）了。1940年出生在法国尼斯，父亲是英国人，母亲是法国人。修完文学本科后，他去伦敦的布里斯托尔大学工作，研究原籍比利时的法国诗人亨利·米修。1963

年凭处女作《诉讼笔录》荣膺勒诺多奖,一步跨入文坛。他在美国教过书,1967年在泰国做"协作者"代服兵役,因揭发当地儿童卖淫现象被驱逐出境,随后在墨西哥服完役。1970—1974,勒克莱齐奥在"拉美学院"工作,在巴拿马过着印第安人的生活:这对他日后的写作产生了巨大影响。1994年,这位"流浪作家"、"都市里的印第安人",在法国《读书》杂志的一次读者调查统计中被选为在世的法国最伟大的法语作家,排在朱利安·格林前面,而勒克莱齐奥本人则说:"我呢,我会把朱利安·格拉克排在第一位。"

他一直是一位"非典型"作家,游走四方,关注原生态和失落的文明,他的创作也风格独具,很难定位。瑞典文学院在颁奖公告中盛赞他是凸显"断裂、诗意冒险和感官迷醉的作家,是对处于主流文明之外和隐匿在其底层的人性的探索者"。他批判西方的物质文明,关注被排斥、被忽视的弱小和边缘族群。他是二十一世纪的古典主义者,也是彻底的世界主义者:《物质的迷醉》、《逃逸之书》、《战争》、《沙漠》、《寻金者》、《流浪的星星》、《革命》、《金鱼》、《乌拉尼亚》,2008年新作《饥饿的前奏》(*Ritournelle de la faim*)。

对一个从老板到员工人数不到十人的小出版

社 P.O.L.（Paul Otchakovsky-Laurens）而言，再没有比在庆祝出版社成立25周年之际迎来该社的第一个龚古尔奖更可心的礼物了。这家收编在伽利马出版集团旗下的小出版社一直以选书的眼光老辣独到著称，先后网罗了不少知名作家给它撑门面：玛格丽特·杜拉斯、帕斯卡·基尼亚尔（这两位都获过龚古尔奖，但获奖作品都没在 POL 出版）、玛丽·达里厄塞克……与其说 2008 年的龚古尔奖颁给了阿蒂克·拉伊米（Atiq Rahimi）的《森盖·萨布尔：耐心之石》（*Syngué Sabour, Pierre de patience*），不如说是颁给了 P.O.L. 这家耐心磨剑的小出版社。

阿富汗裔法国作家和导演拉伊米1962年出生在喀布尔，1973年阿富汗发生政变，他父亲被捕入狱。三年后，其父出狱，父母先去了印度，他随后跟去，但因为没有签证，他在印度呆了六个月之后回到阿富汗。1980年底到1981年冬天，拉伊米在矿场工作，为他日后创作《土与尘》提供了灵感和素材。1984年为躲战乱，他离开阿富汗去了巴基斯坦。之后他请求得到法国的政治避难，在索邦大学读了影视传媒专业的博士。2004年他将自己的处女作《土与灰》（2000）改编成电影，在戛纳电影节上获得"放眼未来"单元的奖项。

"耐心之石"是个隐喻，和波斯语中"神奇的黑石头"同名的森盖·萨布尔是一个崇尚圣战的阿富汗男子，他满腔热情投入了战斗，而战争回赠给他的是一颗冰冷的子弹，在颈椎，他成了虽生犹死的植物人。他那过去受他颐指气使、忍气吞声的苦命妻子守在他身边，悉心照料他，和他说话，说越来越多的话。她埋怨他不该去打仗，不该受不了武器的召唤，做了英雄又怎样？如今撇下她孤身一人在乱世，除了手捻念珠喃喃祈祷，除了跟一具一动不动的男人身体说话，她还能怎样？而神奇的话匣子一旦打开，流淌的语言就成了创世纪的洪水，冲破了所有堤岸，战争的、女人的、宗教的、民族的。在这个无处逃避的"禁闭之地"，在这个萦满死亡气息的小房间，"在阿富汗或别处的某个地方"，是语言让这个阿富汗女人的形象渐渐丰盈，语言即解放，她从社会、宗教、婚姻的条条锁链中挣脱出来，有了个性，有了自我：疯狂、诅咒、愤怒、荒诞、无助、温柔。作者阿蒂克·拉伊米也把自己变成了一块耐心之石，收集聆听受难者——那些生活在阴影里的女人们内心的苦痛和希冀，经过反刍再表达出来，这个说话的女人于是成了一个象征："这个声音从我的嗓子里溢出来，这是埋藏了几千年的声音。"

一个真实的、解放的声音。这支"爱和愤怒之歌"是拉伊米第一部用法语创作的小说。2002年,塔利班政权垮台后,他首次重返故土。"回来后,我想去表现更重大的问题——禁忌,阿富汗人的秘密,但我的母语不允许我这样做。"他说,是法语给了他言说的自由。

今年勒诺多奖的获奖作品是几内亚作家蒂埃尔诺·莫内南博(Tierno Monénembo)的《卡埃尔国王》(*Le roi de Kahel*,色伊出版社)。这是勒诺多奖在十年中第三次把该奖颁给非洲作家,前两次分别是2000年阿玛杜·库卢玛(Amadou Kourouma)和2006年阿兰·马邦库(Alain Mabanckou)。

莫内南博1947年出生在几内亚,1969年逃离塞库·杜尔(Sékou Touré)的专政,现居法国冈城,已出版一部戏剧九部小说。颁奖那天,作家在自己家中,这很符合他一贯的看法:"一个艺术家应该永远待在流放的位置。"在《卡埃尔国王》一书中,他把自己流放到非洲历史中,写出了一部充满十八世纪哲理喻世风格的小说。故事的主人公是法国的埃梅·维克多·奥列维·德·桑德瓦尔子爵,在法国默默无闻,但在几内亚却是一个家喻户晓的传奇人物,他是十九世纪工业革命和进步思想的产物,一个博览群书(尤其是探险家游历)的怪人,理想主义者。广袤、神奇的非洲让他痴迷,他带着热望来到福塔贾隆这块古老的土地——西非最高的高原区。在颇耳人的王国里,这个里昂工程师想造一条铁路。他下定决心要成为当地的国王,建立第一个黑人和白人和谐共处的国家。他要让法兰西文明照耀他的国度,开荒辟地,尤其是开化当地人的心智。1879年他在非洲戈里上岸,穿着礼服戴着礼帽和手套,满心欢喜的子爵也不怕人笑话,深情地呼唤:"我来了,古老的非洲,我来了!"什么都不能阻挡他的雄心壮志,不顾巴黎地理学家们的警告,不顾英国年轻领事的冷淡,甚至不顾戈里国王对颇耳人(作者所属的种族)的抨击。埃梅,改名耶梅,历经各种疾病和恶劣自然条件的考验,他最终赢得了当地人的尊重并正式成为颇耳人的统治者。虽然这条铁路最终并没能修建成功,子爵逃回法国马赛,在困顿中郁郁而终。莫内南博在之前的《颇耳人》一书中曾经提到过他,对他颇有微词,但在读过探险家的旅行日志后改变了观点。他把子爵的传奇写成了一部史诗式的故事,一个殖民乌托邦,一个理想的殖民的梦想:和颇耳人的真正的相遇。

今年打动费米娜奖的女评委的是一个老爸

爸——法国作家让-路易·富尼埃（Jean-Louis Fournier）的《我们去哪儿，爸爸？》（*Où on va, papa?*，Stock 出版社），该书一推出就被媒体炒得火热，描写作者和两个残障儿子的生活，"想到自己可能有残障孩子，就像想到地震，想到世界末日，似乎经历一次就足以让人垮掉，而我却经历了两次世界末日。"而世界末日在亲情的关怀和宽容下却结出了爱和信赖的果实。朴实情真是该书最大的卖点，排在 2008 金秋畅销书榜首的获奖作品，甚至在 11 月初该书获奖前就已经一印再印，达 7 万册之多。费米娜外国小说奖颁给了意大利作家桑德罗·维罗内西（Sandro Veronesi）的《平静的混乱》（*Chaos Calme*，格拉塞出版社），该书获奖前已售出 2 万 7 千册，得悉获奖又有 1 万 5 千册补充到各大书店的货架上。该书是作家第 5 部小说，目前正在改编成电影，估计很快就能在法国各大影院公映。《平静的混乱》讲的是一个男子在他妻子心脏病突然发作的时候救了一位落水的女子，从此生活开始摇摆不定。费米娜最佳散文奖颁给了德尼·波达里岱（Denis Podalydès）的《话外音》（*Voix off*，Mercure de France 出版社），讲述的是戏剧的历史和作者那一代人的声音。

盘点其他文学奖项

如果说伽利马依然是今年文学秋潮最大的赢家,不少小出版社也崭露头角,欢天喜地分到了蛋糕。法兰西学院大奖颁给了马克·布莱桑(Marc Bressant)的《最后的讲座》(*La dernière conférence*,de Fallois 出版社);小出版社 Zulma 迎来了该社的第一个美第奇奖——让-玛丽·德·罗布莱(Jean-Marie de Roblès)的《在那老虎当家的地方》(*Là où les tigres sont chez eux*),美第奇外国小说奖颁给了瑞士作家阿兰·克洛德·苏尔泽(Alain Claude Sulzer)的《一个完美的男孩》(*Un garçon parfait*,Jacqueline Chambon 出版社);"联盟奖"在经过了 14 轮投票之后,最终"痛苦地"颁给了塞尔日·布朗里(Serge Bramly)的《第一原则,第二原则》(*Le premier principe, le second principe*,Lattès 出版社);十二月奖颁给了马西亚·埃纳尔(Mathias Enard)的《区域》(*Zone*,Actes Sud 出版社);龚古尔中学生奖颁给了卡特琳娜·居塞(Catherine Cusset)的《锦绣前程》(*Un brillant avenir*,伽利马出版社)。

综观 2008 法国文学奖,整体很平静,有惊无险,既没有爆出丑闻黑幕,也没有引起论战纷争。和去年一样,女作家几乎全军覆没,无人入围最后大奖的角逐和男作家们争一雌雄;外国作家依旧风光无限好,"世界文学"似乎越来越成为法语文坛的"第一原则",评委明显青睐来自"别处"的作家和描写别处的作品,或许这也契合萨科齐鼓吹的文化政策:法国的,就是世界的?或者倒过来,世界的,就是法国的?

以小说之名"怀旧"

2009年的法国文学秋潮裹挟着659本新小说粉墨登场,在为期两周的文学大奖季等待掌声响起,或者只是过个场,很快就被时间的潮水淹没,一点涟漪都不见。可能是华尔街金融危机的蝴蝶效应,据法国《每周书报》的统计,"今年的新书在总量上继续缩水,同比2008年的676本降了2.5%,较之2007年的727本降了9.4%"。但主要是在法国文学领域,今年的法国小说是430本(2008年463本,2007年493本),其中处女作只有87本(2008年91本,2007年102本)。229本外国小说比起去年的210本在数量上倒是小有见涨。

10月29日,法兰西学院的院士们拉开了法国文学大奖季的序幕。皮埃尔·米雄(Pierre Michon,1945—)的小说《十一人》(*Les Onze*)摘取本年度第一个重量级奖项——法兰西学院大奖。

《十一人》很薄,只有135页,却是皮埃尔·米雄酝酿了十五年的作品。这本书通过一幅画讲述了画家克伦丹和法国大革命的故事。克伦丹受托画一幅巨幅油画,再现法国大革命雅各宾派恐怖专政时期(1793年5月—1794年7月)救国委员会的11位成员(罗伯斯庇尔、圣茹斯特、巴雷尔等)。小说的情节安排是这幅画日后被挂在卢浮宫展出,供后人参观。而有趣的是,画家克伦丹和这幅贯穿小说始终的画作都是作家大胆的虚构(看完本书的粉丝们千万不要兴冲冲跑去卢浮宫找这幅幽灵之画),仿佛历史在一个虚构的画框里竟然也沾染了真实和自传的饱满色彩。《文学杂志》上有书评称:"他画了'最后的晚餐'的场面,只是缺了上帝和犹大,仿佛等着历史把他们指认出来。"

"第二性"终于扬眉吐气地迎来了2009联合收割文学大奖的金秋:10月6日,希拉里·曼特尔(Hilary Mantel)在英国率先拿下布克奖;两天后,赫塔·米勒(Herta Mller)折桂诺奖;10月12日,卡特琳·施密特(Kathrin Schmidt)在法兰克福摘取德国图书奖;11月2日,塞内加尔裔法国黑人女作家玛丽·恩迪耶(Marie NDiaye)的小说《三个坚强的女人》(*Trois femmes puissantes*)

荣膺龚古尔奖,打破了1998年(波尔·贡丝坦的《心心相诉》)以来法国女作家无缘该奖的怪圈,也是1903年该奖设立以来首位获此殊荣的黑人女作家。

《三个坚强的女人》由三个故事串成,讲述了三位面对人生的颠沛流离却依然敢于骄傲说"不"的女人:诺拉、芳达和卡迪·丹巴。38岁的诺拉来到非洲的父亲家,昔日唯我独尊的暴君已经成了整夜坐在院子里发呆、沉默寡言、总吃不饱的老人。芳达在达喀尔教法语,但她不得不跟爱人鲁迪去法国生活。鲁迪说不能给予她富足而快乐的生活。卡迪·丹巴是一个非洲寡妇,没有钱,她打算投奔远在法国生活的表妹芳达。《观点报》称此书是一部经典之作,"普鲁斯特和福克纳在非洲的天空下交流"。《文学杂志》认为恩迪耶的作品说出了"不可言说"。

恩迪耶1967年6月4日出生在法国卢瓦雷省皮蒂维埃市,从小由母亲独力抚养成人,接受了典型的法国式教育,塞内加尔裔的父亲在小玛丽出生不久就离家出走,随后不知所踪。恩迪耶从小就立志当作家,12岁开始写作,17岁时在午夜出版社发表处女作《至于远大前程》(*Quant au riche avenir*),从此步入文坛。2001年,恩迪耶的小说《罗西·卡尔普》(*Rosie Carpe*)荣膺费米娜奖。她写小说、戏剧、电影剧本、少儿文学,她是唯一一位还在世的作品在法兰西喜剧院作为保留剧目上演的女作家。

恩迪耶虽然有非洲血统,但她表示对非洲并没有与生俱来的归属感,非洲对她而言很陌生。在她此前发表的11本小说中,女作家从来没有把故事安排在非洲的背景里。或许要等到她和作家丈夫还有他们的三个孩子定居柏林、远离法语和法国之后,她才能在第十二本小说中找回已经在别处的塞内加尔和法国。无独有偶,恩迪耶和导演克莱尔·德尼为电影《白色物质》(*White Material*)合写了剧本,故事也发生在非洲:突然发生战乱的某地,法国实力派女星伊莎贝尔·于佩尔演绎的女主角不愿意离开她苦心经营多年的咖啡豆种植园……该片于今年9月亮相威尼斯电影节正式竞赛单元。

和龚古尔奖同天颁出的勒诺多奖花落法国作家兼文学评论家弗雷德里克·贝格伯德(Frédéric Beigbeder)的《一部法国小说》(*Un roman français*)。1965年9月21日出生于巴黎郊区的贝格伯德绝对是一个法国文坛搅屎棍,25岁出版的处女作《浪荡子回忆录》(*Mémoires d'un jeune homme dérangé*)就用夜店男寻欢作乐的"不安分"来对仗波伏瓦《闺中淑女回忆录》(*Mémoires d'une jeune fille rangée*)中资产阶级乖乖女的"循规蹈矩"。巴黎政治学院毕业的他做过广告公司创意总监、杂志专栏作家、文学节目主持人、出版商……1994年他创立"花神文学奖",2001年和里奥奈尔·阿拉希尔一道创立"萨德奖",还担任"十二月奖"的评委。

这位自称碰什么什么就腐坏的非典型作家的确擅长惹是生非:2000年《99法郎》(*99 francs*)因大爆广告界最不为人知、最灰暗的内幕引起轰动,书中主人公坦陈:"我是一个广告人。没错,我的工作就是污染这个世界,向你们贩卖垃圾!"该书在法国的发行量超过38万册,被译成20多种文字并于2007年被搬上银幕;2003年他以"9·11"事件为背景创作的《世界之窗》(*Windows on the World*)获该年度联盟奖和2005年英国独立报最佳外国小说奖。

2008年1月29日凌晨三点,贝格伯德在巴黎第八区的一辆汽车上吸毒被警察抓了一个现行,和同犯忙乱中逃跑,最终没能逃脱。警察在作家身上搜出两小袋约2.6克可卡因,"问题作家"被拘留,两天后才获释,由此催生出对巴黎法院和司法现状有所抨击的自传体小说《一部法国小说》,这位厌倦了巴黎夜店放肆迷情的坏小子开始回忆他在外省乡间度过的童年时光。

11月4日美第奇奖揭晓,海地裔加拿大魁北克作家达尼·拉费里埃(Dany Laferrière)《回归之谜》(*L'Enigme du retour*)以首轮投票4:1击败贾斯汀·列维的《坏女孩》和阿兰·布洛蒂埃的《托米的坟墓》摘得大奖。

《回归之谜》记述了拉费里埃在得知父亲去世后回海地参加葬礼所发生的故事。开头第一句是:"这个消息把黑夜切成两半。"于是一切都把作者带回到童年,那个"没有父亲的国度"。拉费里埃1953年出生于海地太子港,在一个名叫小戈阿沃的小村庄长大,1978年,在一位同事被暗杀后逃离了杜瓦利埃独裁统治下的海地,移民到加拿大的蒙特利尔。他曾经在许多报社、电台、电视台担任记者,1985年出版首部小说《如何与一个黑人相爱而心无厌倦》而蜚声魁北克文坛。他的小说《咖啡的味道》获1991年加勒比海卡尔贝奖,《少女的口味》1993年获埃德加·莱斯佩汉斯奖。

11月9日,费米娜奖颁给了法国女作家格温娜艾尔·奥布利(Gwenaelle Aubry)的《无人》(*Personne*)。巧的是,这又是一部以小说之名大行作家本人感怀念旧之实的作品。《无人》描绘的是女作家父亲的形象，一个"从来都和自己过不去的人"。父亲死后，奥布利找到了一部父亲的手稿，这位昔日杰出的法学家谈到了自己的心理障碍。从这部手稿出发，女作家重构了一部小说，以字母表的顺序从 A 到 Z 重构了"缺席"的父亲。父亲不在了，但从某种意义上，他一直都在那个空缺的位置上，无法替代。获奖之后，女作家表示："我把这个奖当作是双重的认可，既是对我作为作家的创作的认可，也是对我所取材的父亲的手稿的认可。"通过文字，父女俩终于企及了彼此的心灵，仿佛冬天里一个拥抱的温暖。

"回归"无疑是今年法国文学大奖季的主旋律，寻父、寻根、寻历史、寻童年、寻自我。或许因为我们曾经丢失太多，我们才这么迫切地需要回到过去来找寻继续前进的力量和理由。

向左走,向右走?

一

2013年法国社会最闹腾的一件事莫过于通过了同性婚姻法。这个长期以来悬而未决的敏感问题貌似只和床单下你侬我侬的私人生活有关,殊不知这一发牵动的却是整个法国社会对人权、平等、道德、伦理、宗教、家庭观念等方面的激烈争议,伴随着潮起潮落的游行示威和层出不穷的暴力事件。1948年联合国大会在巴黎通过"世界人权宣言",其中第十六条规定:"非经男女双方的自由和完全的同意不得缔结婚姻。"但在半个多世纪LGBT(女同、男同、双性恋和跨性别者)不屈不挠的斗争之后,婚姻被重新定义为:"两人之间的契约,而非一男一女之间"。也难怪,在法国,通过同性婚姻法被视为1981年废除死刑以来最大规模的一次社会变革。

裂痕越来越大：一边是右派，一边是左派，一边是天主教恪守的传统，一边是世俗膨胀的自由。如果说2012年总统选举期间，社会党候选人奥朗德以"将同性婚姻合法化"的承诺为他的当选拉到了不少选票，那么他始料未及的是反对的力量竟然会让他现在的政府压力山大。先是在1月13日爆发了近百万人参加的示威游行，抵制同性婚姻法案。"一个爸，一个妈，天经地义"、"有爸有妈才有娃"、"我们不想要弗朗索瓦的法案"、"别碰民事法"的旗帜和标语满街乱飞。才过两周，不甘示弱的40万人走上街头，包括巴黎市长老男同德拉诺埃，高调支持同性婚姻法案，这次的口号是："人人有权结婚"、"耶稣有两个爸爸和一个代孕妈妈"、"自由、平等、博爱只能多不能少"……经过国民议会、参议院几番起伏跌宕的讨论和投票，4月23日法国国民议会以331票支持、225票反对、10票弃权通过经参议院修订的同性婚姻法案。就在这一天，法国同性恋协会APGL在网络上号召支持者集会庆祝，与此同时，反对者以暴力方式抗议法案的通过，在巴黎，12名反对派示威游行者遭到警察拘捕，在里昂，遭拘捕人数高达44人。5月17日，总统奥朗德签署该法案；翌日，法国共和国政府公报公布同性婚姻法。至此,法国成为全球第14个、欧洲第9个同性婚姻合法化的国家。

最具拉辛式悲剧意味的情节莫过于5月21日,法国当地喝下午茶的时间,被称为"当代极右之父"的法国作家多米尼克·维纳用一把老式手枪,在巴黎圣母院饮弹自尽,用最决绝的姿态抗议法国政府和宪法委员会通过同性婚姻法。他在遗言中表示,他所担忧的是法国社会"价值观的沦丧"。极右派的国民阵线主席玛丽·勒庞称这是"一次政治行动,他尝试去唤醒法国人民"。而神父阿兰·德拉·默朗岱则上电视谴责这一"反宗教"的过激行为。

5月29日,法国第一场同性婚礼在南方海滨城市蒙彼利埃举行,除了这对同志新人的500多位亲友,闻风出动的230名各国记者,还有来自极右势力的死亡威胁,以至于法国内政部出动250名警务人员确保婚礼正常安全有序地进行。在市政厅主持婚礼的市长海伦·曼德罗斯说:"爱情战胜了仇恨。"殊不知,对很多人,尤其是保守反对派而言,"被诅咒的爱情"所萌蘖的仇恨无疑是法国社会分裂的催化剂,比布列塔尼"红帽军"的抗税运动、退休制度改革、学制改革、法国增兵马里都来得汹涌。

二

无独有偶，2013年第66届戛纳电影节金棕榈大奖花落阿布德拉迪夫·凯西什（Abdellatif Kechiche）执导的法国影片《阿黛尔的生活》（*La Vie d'Adèle*）——一部反映青涩初恋的女同电影。影片改编自法国女作家朱莉·马洛的漫画书《蓝色是最温暖的颜色》，讲述15岁女孩阿黛尔一段如火如荼的同性爱情：阿黛尔有一个帅气男友托马斯，但她并不爱他。一天，她在街头和美丽的蓝发女孩艾玛擦肩而过，艾玛一个有意无意的回眸让阿黛尔怦然心动。同志酒吧，蜻蜓点水的亲吻，朦胧暧昧的情愫，两个女孩慢慢走近，欲仙欲死的性爱，阿黛尔的青春期变得纠结复杂⋯⋯

在走向他人的时候，慢慢认识了自我，发现自己隐秘的性取向，一步步找到真爱，再一次次互相伤害，到最后，永失我爱：很《春光乍泄》、《断背山》的主题，这也是《阿黛尔的生活》的主题。爱情败给的又岂止是世俗的眼光，最刻骨铭心、最美好也最销魂的初恋情怀，到头来都会输给自己，输给时光，"开到荼蘼花事了"。

有趣的是，在2013年度龚古尔获奖作品《我们天上见》（*Au revoir là-haut*）中，作者皮埃尔·勒迈特（Pierre Lemaitre）也给他两个主人公中的一个贴上了同性恋的标签。小说围绕两个从第一次世界大战血腥战场侥幸生还的士兵展开，一个是无产者阿尔贝·玛雅尔，另一个是银行家的公子哥同性恋艺术家爱德华·佩里古。命运将这两个出生、个性都截然相反的人绑在了一起：在战壕里，为了救阿尔贝，爱德华被炮弹的碎片削掉了下巴，他拒绝做整容手术，以假身份从部队上退下来，从此靠老战友阿尔贝想方设法搞到的吗啡和钱财维持生计。因为"心存感激的国家"更关心的是给阵亡的烈士立碑，而不是妥善安置退伍遣散的老兵，于是这一对被社会边缘化的老搭档决定投机"英雄纪念碑"的生意……"我们以为是为祖国捐躯，其实是为企业大佬们捐躯。"1922年7月，阿纳托尔·法郎士曾经这样气愤填膺地感慨。《我们天上见》就是以当时这类社会丑闻为主题，从真实和虚构两个维度再现了一战后法国社会的生动画卷。

三

前阵子，我问《新法兰西杂志》的主编菲利普·福雷斯特，2014年是杜拉斯百年诞辰，杂志是不是要有所表示（其实我内心真实的声音是，我是不是可以给这个A&HCI的国际一流期刊写一篇文章）？菲利普回信说伽利玛出版社的领导们认为2013年各种诞辰各种致敬已经太多，该给当代还会呼吸的作家多留点版面。

的确，2013有很多故人、很多旧事值得缅怀。

为了配合文章一开始定的基调，不妨先从普鲁斯特说起。2013是《追忆逝水年华》第一卷《在斯万家这边》出版一百周年。不论是作品中的马塞尔、斯万，还是现实版的普鲁斯特，文艺男同们都带着一副独特而病态的苍白面容，像美好时代温室中浇灌出来的一朵朵卡特里兰花，缱绻忧柔，引人发梦。

从内容上看，《追忆》是一本老套的书，普鲁斯特着意描摹的是一个行将消亡的阶层，上流社会奢靡浮华的沙龙和晚宴，真真假假、虚虚实实的欲望和风雅；而从形式上看，《追忆》又是一部崭新的书，它颠覆了传统意义上的写作，打开了一个向内的丰盈世界，这个世界"以无意识的回忆为发端，引起种种联想，产生想象的印象，不断拓展，延伸重叠，枝枝蔓蔓，无穷无尽"。在这个世界里，过去、现在、未来的界线模糊了，过去在不经意间埋下了未来的线索，而未来又沾染了提前怀旧的沧桑色彩,现在暧昧不清,像一场握在手里又正在失去的爱情。《追忆》还是一部挑战阅读极限的书,读者要忍受一个作家用三十页的篇幅描写他如何在床上辗转反侧、无心睡眠,用一百五十页描写在盖尔芒特夫人家的一次晚宴,然后再用另一卷一半的篇幅去渲染盖尔芒特公爵夫人家的一次晚会……普鲁斯特最常说的话是:"请别,请别,这样说太快了。""请精确一点,我亲爱的朋友,请精确一点。"

因为在普鲁斯特那里,一切的一切都指向生活,指向对生活一点一滴的体验。"芥子之微亦可见须弥之大。"我们不得不承认,当我们读到"以标准印刷字体排成一列,差不多要有四米多长,足可围着酒瓶底部绕上十七圈"的普式长句时,我们真切地体会到一种神奇的延缓效果(如果还没有被催眠的话),细节被放大,动作被放慢,我们从来没有那么清晰地看到那个曾经被忽略的"感觉"。普鲁斯特从此改变你的生活,阿兰·德波顿说:此言非虚。

2013也是《小王子》出版70周年。这本号称销量仅次于《圣经》的经典,用最简洁质朴的文字,讲述最深刻的哲理。周国平说它"如同镜子一样,照出我们身上也已习成的庸俗,从而回想起湮没已久的童心"。而我自己这些年做过的最童心未泯的一件事,或许就是不仅一字一句翻译了这本小书,把原文和译文读了无数次,还把书中47幅画都重新描摹了一遍,仿佛只有这样才可以体会到每一个词语的温度、画面和乐感。"她天真地炫耀了一下她的四根刺,接着又说:'别这样磨磨蹭蹭的,真叫人心烦。你已经决定离开了,那就走吧!'其实她是怕小王子看见她哭。她是一朵非常骄傲的花……"我想我曾经也是一朵非常骄傲的花……

四

2013还是克洛德·西蒙、阿尔贝·加缪百年诞辰,费尔迪南·德·索绪尔辞世100周年纪念,《文学半月刊》掌门人莫里斯·纳多辞世……

作为1985年诺贝尔文学奖的桂冠作家,克洛德·西蒙似乎和"新小说"一起渐渐淡出了文学的视野。不管是《大酒店》、《弗兰德公路》、《农事诗》,还是《植物园》,面目模糊的人物,理不清顺序的情节,无头无尾的故事,加上意识流飘忽朦胧的印象和散乱的回忆,我承认我的审美趣味还是偏传统的,比起文字与形式的探索冒险,我更喜欢阅读叙述人生冒险经历的小说。

"1. 词,例如就自身而存在的看见一词一样。2. 词义,即与此词结合的东西。"这是索绪尔《普通语言学手稿》中随手摘出来的句子。每次看语言学的著作我都会质疑自己的智商,我很庆幸自己在识字之前就鹦鹉学舌地学会了说话,在语言学家面前,我想我顶多只能算是一只聪明的鹦鹉。

苏珊·桑塔格在《反对阐释》中说:"卡夫卡唤起的是怜悯和恐惧,乔伊斯唤起的是钦佩,普鲁斯特和安德烈·纪德唤起的是敬意,但除了加缪以外,我想不起还有其他现代作家能唤起爱。"这位曾经在阿尔及利亚"爱着海滩还有满天星斗的夜"的少年,24岁就在《反与正》中写下"没有生活的绝望就没有生活的爱"这样的句子,在29岁出版《局外人》和《西西弗神话》,"30岁,几乎是一夜之间,我成了名人。我并不后悔。我日后可能会因此而做噩梦。现在我知道了名声怎么回事,它什么都不是。"在一个"失去并且没有重拾"的天堂,加缪告诉我们:"西西弗的全部沉默的喜悦就在这里。他的命运出现在面前。他的巨石是他的事情。[……] 这块石头的每一细粒,这座黑夜笼罩的大山的每一道矿物的光芒,都只对他形成了一个世界。登上峰顶的斗争本身足以充实人的心灵。"他让我相信,推着石头上山的西西弗偶尔抬头,会朝天空露出一个明媚的微笑,在隆冬,每个人身上依然可以藏着"一个不可战胜的夏天"。

最后想说的,是三个月来我手上一直在译的一本书,菲利普·福雷斯特的《薛定谔之猫》(*Le Chat de Schrödinger*),2013年上了各种好书榜单却没有斩获任何大奖。量子力学、态叠加、波包塌缩、平行宇宙严重挑战了我有限的理解力,故事(其实全书并没有传统意义上的情节)从那个变态的假想实验开始:把一只猫放进一个不透明的盒子,然后把盒子连接到一个包含一个放射性原子核和一个装有毒气的容器的实验装置。设想这个放射性原子核在一个小时内有50%的可能发生衰变。如果发生衰变,它将会发射出一个粒子,而发射出的粒子将会触发实验装置,打开装有毒气的容器,从而杀死这只猫。根据量子力学,未进行观察时,这个原子核处于已衰变和未衰变的叠加态,但是,如果在一小时后把盒子打开,实验者只能看到"衰变的原子核和死猫"或者"未衰变的原子核和活猫"两种情况。然而,根据我们在日常生活中的经验,只要我们不揭开盒子的盖子,那么这只猫既可以是活的,也可以是死的,它就可能有两个本征态。

在黑夜里,叙事者("他"可以被看作是作者本人)看到一只猫,这只猫跟他一起待了一年时间,最终消失了。这只不死不活或者说又死又活的猫让他开始思考人和真实之间的关系,去设想那些如果当初我们的选择变了之后可能发生的故事。就像一场在平行宇宙和我们可能拥有的生活中穿梭的奇妙旅行。

向左走,向右走,最终到达的都是同一个盒子。

"一明一灭一尺间,方生方死未明时。"我们只是漂浮在宇宙间的幽暗物质,一些基本粒子。菲利普·福雷斯特说:"不忍心告诉你,我们现在的生活……只是一场梦而已……"

"中国经验"的祛魅写作
——以波伏瓦、克里斯蒂娃为例

一

1955年9月,存在主义最著名的"自由情侣"让-保尔·萨特和西蒙娜·德·波伏瓦应中国对外文化协会邀请来新中国,在为期六周的游历中,他们访问了北京、南京、上海、沈阳、杭州、广州……国庆节那天,他们还有幸应邀登上天安门观礼台。10月23日,《人道报》上刊登了记者保尔·提亚尔的专访"和让-保尔·萨特、西蒙娜·德·波伏娃在京共度一晚"。回法国后,萨特应《人民日报》之邀写了《我对新中国的观感》:"这个伟大的国家正不断地转变。当我到达这里的时候,我那些法国朋友从中国回到法国后所讲的情况已经不再完全正确。等过了一星期,我再说的话,也不会是完全正确的了。"之后,萨特在

12月1日和8日的《法兰西观察家》上发表了《我所见到的中国》。而波伏瓦并不满足于"最肤浅和最仓促的观感",回国后,她收集了大量有关中国的资料,结合自己的见闻,于1957年在伽利玛出版社出版了近五百页的《长征:中国纪行》一书,分为八章:北京的发展、农民、家庭、工业、文化、自卫斗争、十月一日、中国的城市,从不同角度反映当时新中国政治、军事、经济、文化各方面的社会现实。同年3月17日,波伏瓦接受《洛桑论坛》记者皮埃尔·戴卡尔格的采访,发表"这就是我所见到的中国",波伏瓦始终强调的是她眼中的"真实"。

1974年4月11日到5月3日,朱莉娅·克里斯蒂娃跟随由 *Tel quel*(《原样》)杂志社同仁罗兰·巴特、菲利普·索莱尔斯、弗朗索瓦·瓦尔、马瑟兰·普莱奈组成的法国作家代表团踏上遍地热火朝天"批林批孔"的中国。这是1971年10月25日中国加入联合国后受官方邀请来华访问的第一批西方知识分子代表团。之所以选择"原样派",绝非出于文学的考量,当时中国"一曲国际歌,八个样板戏"一统天下的工农兵文艺所关心的也绝非"原样派"标榜的先锋文学诉求:从"文本写作"出发,借苏联形式主义从超现实主义的茧困中金蝉脱壳。之所以选择"原样派",更多是因为它在1968年法国"五月风暴"期间及稍后的种种激进的政治运动中的表现契合了当时《无产阶级文化大革命就是好》的宣传。中国的文革对于六七十年代法国左翼知识分子还有和红卫兵一样叫嚣着"造反有理"的巴黎索邦大学躁动的学生而言,与其说是切实可行的探索社会主义新模式的中国经验,毋宁说是对革命理想主义一厢情愿的浪漫想象。代表团回国后,罗兰·巴特和弗朗索瓦·瓦尔在《世界报》上发表了他们对中国的印象;是年秋天,《原样》杂志就此次访问出了一个专刊。

尽管1941年出生于保加利亚、1964年移民法国的朱莉娅·克里斯蒂娃口口声声说她个人对中国的兴趣基本上是文化层面的,但她切入中国主题的方式依然是政治的。她来中国的目的很明确:学习中国文化,掌握中国社会主义的新颖之处。毛泽东在1968年发出的"妇女能顶半边天"的豪迈口号想必让克里斯蒂娃对中国妇女的解放运动滋生出许多美好的期许,正好她自己当时的研究也从形式主义和符号学转向了精神分析和女性主义,开始关注法国及欧洲的妇女状况,尤其是她们的性爱、她们的书写、她们的社会地位等等。因此克里斯蒂娃1974年来中国是带着法国"妇女出版社"的稿约而来，那本讨论中国女性的书——《中国妇女》——在她回国后如约写成，并于1974年底付梓。

二

今天重读这两部隔了数十年漫长岁月而显得有些时过境迁的书是否还有现实意义？如果说存在即理由，那么理由显然很充分：在西方和中国都曾受到过质疑，被认为有些地方措辞不当、政治上有点敏感甚至不正确的《长征——中国纪行》出版次年即被译成英文，多次再版，1969年该书在法国再版，2012年中译本（胡小跃译）由作家出版社出版；而克里斯蒂娃出访中国时由所激发的问题写出的纪实游记《中国妇女》于1977年被译成英文，2001年在法国再版，2010年中译本（赵靓译）由同济大学出版社出版。

但如果我们重返酝酿和创作这两本书的历史现场，结合当时的国际形势和思潮，探索两位女权主义者的心路历程，那么，这两本书给予我们的启示或许远大于这两本书的内容本身。波伏瓦是1955年9—10月第一批来中国访问的西方知识分子。当时正值冷战时期,她对周围朋友和法国报纸上揭露的在苏联和匈牙利发生的种种事件深感失望,尽管她在中国一路上的旅行也伴随着疑虑、困惑和被精心掩饰过的矛盾,波伏瓦的《长征》首先还是一次通往新乐土的朝圣之旅。这一时期有很多西方知识分子,在波伏瓦之前或之后,都曾一厢情愿地被新中国的神话所吸引,头脑单纯地去相信。这个冉冉升起的大国,骨子里依旧封建但表面上已焕然一新的社会主义国家。而对从布尔什维克旧日阵营中逃出来、对苏联古拉格深恶痛绝的年轻保加利亚姑娘朱丽娅·克里斯蒂娃而言,一方面她会比她同时代的法国同仁对集权主义和个人的自由选择更加敏感和警惕,另一方面,她一直在固执地思考:如果中国的共产主义和西方的共产主义、社会主义有所不同,那么中国的文化传统和民族历史是如何缔造这谜一样的"中国式道路"的?

为什么"伟大舵手毛主席"领导的新中国会成为西方知识界关注的焦点?波伏瓦和克里斯蒂娃是否都试图在这个东方新神话中寻找新材料以推进全球妇女解放事业,去解读那个几千年以来一直都沉默、隐忍、幽微的东方女性世界?抑或是"中国经验"让她们对马克斯·韦伯所谓的"理想类型"产生了一种先附魅后祛魅的迷思?应该说新中国的建立重新燃起法国知识分子对中华帝国的古老热望。中国再度进入西方的视野,"它代表了翻天覆地的、集体的巨变,让'革命'一词有了真正的意义。"对一些人而言是好奇,对另一些人而言是狂热,当时亲中的整个法国左派知识分子阵营都在关注如火如荼进行社会主义建设的中国、稍后是"文化大革命"的中国的各路消息。韦科尔、让-保尔·萨特、《原样》杂志编辑部、克洛德·鲁瓦……或者说用更泛的一个标签来称呼,这些"新中国的友人"或"新中国的同路人"看到中国人民走在社会主义崭新的康庄大道上。对这两位女权主义者而言,她们思考和关心的问题是:在共产主义制度下,女性生存状况是否会得到根本改变?这些变化又意味着什么?是一种进步还是一种新的压迫?在何种程度上"中国经验"能成为洞悉危机中的西方的一面明镜?正如朱丽娅·克里斯蒂娃在书中所说:"处在转变中的中国,是否将变成我们的希腊?"

三

首先应该注意的是波伏瓦在《长征》中描写的中国并不是克里斯蒂娃在《中国妇女》中所解

读的那个中国,而今天中国女性的形象也和书中所写相去甚远。如果说波伏瓦的《长征》在我们今天看来是一个有些幼稚、自以为是、肤浅又面面俱到(因为作者努力要涉猎各个领域,试图"破解"一切)的文本,那是因为正处在社会主义建设中的中国为她呈现的不仅仅是那些充满异国情调的旖旎画面,同样也是让她思索突破的新材料,中国"成为"未来世界强国的历程就像如何"成为"女人这个问题一样让令她着迷。"实地考察这样一场变革的开始,我觉得这是个很好的机会。我知道,这场变革是在十分特殊的经济与社会背景下进行的。中国在很大程度上依赖苏联,没有苏联,它就不可能建立自己的重工业。然后,它与别的人民民主国家又很不相同。尽管都是由共产党领导,中国的革命只完成了一半。资本主义、私有财产、投机、遗产还存在。这些东西将在非暴力的前提下逐步消失。我想中国与最终实现资本主义的国家不同,它与已经成功地实现社会主义的国家也有区别。它的真实面目是什么样的?"波伏瓦似乎不能得到一个满意的答案。

朱丽娅·克里斯蒂娃在细读《长征》的时候批评波伏娃太轻易就被"逐步和平地消灭资本主义的中国场景"给眩惑了,这一场景看似和苏联无产阶级专政的暴力统治相去甚远。在克里斯蒂娃看来,波伏瓦以她敏锐的作家的嗅觉已经觉察到中国在寻找可能的更好世界的道路上出现的一些谬误,但她并不愿意去批判集权制度的罪恶,有意忽略了"现实存在的压迫,尤其是个人屈服于一种长期受封建思想、小农意识和儒家传统熏陶的内化的、逆来顺受的压迫"。中国在波伏瓦的眼里究其底还是积极的、充满希望的:"既非天堂,亦非可怕的蚁穴,而是一个非常人间的地方,在那里,人们刚刚挣脱了牛马般无望的循环,为建立一个人道的世界努力奋斗。"产生于神话(神化)中国背景下的这类作品,大多对中国做了理想化的误读。从某种意义上说,这类作品都不过是"一面镜子",正如让-马克·莫哈所指出的是"某个对异域他乡充满幻想的人凭自己的意愿虚构出来的乌托邦",波伏瓦和克里斯蒂娃也概莫能外。

不妨一提的是,和克里斯蒂娃不同,波伏瓦没有学过中文,读过中文系的本科,也没有接受过关于中国文化的"人类学"方面的训练。在一个像中国一样广袤的国家旅行六个星期(而且每一天的活动都事先安排好,到处都是有人陪同导游)根本不可能得出一个恰如其分的结论。从某种意义上说,波伏瓦是清醒的,"缺乏对它的真正了解,尤其是不懂汉语所造成的障碍,我一点都没有掉以轻心。"于是我们的女哲学家满足于去呈现一种"显而易见的事实",用自己的眼睛去看,走街串巷,诚实地记录她所见的中国。"将来,人们可能会对这本书提出的主要批评之一是,它明天就会过时……但中国现在发生的故事太激动人心了,各个阶级都值得记录下来。"

四

至于朱丽娅·克里斯蒂娃,身边簇拥了一批68分子和激进的毛派分子,《原样》杂志的成员,这个杂志在1974年重申它的立场:"中国是我们这个时代关键的、历史性的问题"。对菲利普·索莱尔斯和其他的《原样》派而言,最重要的地平线是中国:毛主席的中国,道家的中国,"文化大革命"的中国,还有之后克里斯蒂娃填补了一笔女性色彩的中国。在1990年克里斯蒂娃的自传性小说《武士们》(*Les Samouraïs*)中,初到巴黎的保加利亚姑娘奥尔加(Olga)借宿在薇拉家中,"镜子映出她杏眼下面比平时更深的黑眼圈,在高高的颧骨上方,当她容颜消瘦时,黑眼圈就让她的一张鹅蛋脸变成了瓜子脸。疲惫越发让她有了东方人的模样:要不是她一头松鼠般褐色的头发和白里透出玫红的肤色,真会以为她是位中国姑娘。"自恋的作者和眼尖的读者都明白:奥尔加是克里斯蒂娃的"镜像",或者说,穿着"一袭长裙,模样还有几分中国风味"的克里斯蒂娃一踏上中国就走进了一个潜在的文本,成了一个被现实和虚构不停拉扯的似是而非的小说人物。年轻的朱莉娅的中国情结究其底是一种移情,不得已抛舍了社会主义祖国保加利亚,在巴黎七大学中文(学了四年,学得很用心)并研究中国特色的社会主义在某种意义上为克里斯蒂娃提供了一点心理补偿,甚至一点死灰复燃的革命热望。

不过,有一点克里斯蒂娃做得很聪明,就是给自己设定了一个"主要观察目标":周围真实的中国现代女性,一个她所熟悉的领域,因此从方法论的角度来看,是她可以操作并深入挖掘的主题。"因为在那个时期,不仅在纽约和巴黎兴起了女权运动,毛泽东本人也在'红卫兵'浪潮后发动了妇女运动浪潮,来反对党内的官僚主义……我集中精力研究这个热门的现实主题。我曾经是保加利亚的流亡者,自认为是一个共产主义的受害者,我不像那些西方资产阶级青年,受某种意识形态宣传的吸引和诱惑。在精神分析学和人类学之间，是人类的多元性让我着迷，如果说，宇宙是由'阴'、'阳'和表意文字来书写和表达的话，在中国的经历刺激我去揭示这块土地上的权力，尤其是'社会主义'的权力呈现出来的另一种面貌。"但是，精神分析的方法、人类学甚至符号学的方法都只能勉勉强强地去厘清、揭示、解读这一张对外国友人而言谜一样的中国脸。

回到法国后，同行的罗兰·巴特在《世界报》发表长文："我们希望有一些无法进入的东西让我们去进入。出于思辨的传统，我们都是些热衷于解读、阐释的主体：我们认定我们智力的任务一直都是发现意义。中国似乎在抵制交付这一意义，不是因为它在刻意掩藏，而是，更微妙的，因为（这一点并不像儒家传统）它解构了观念、主题、名称的建构；它和我们所拥有的知识的目标不同；它的语义场是混乱无序的；对意义鲁莽的提问反过来成了对意义的质疑；我们的知识变得虚幻……这是阐释学的终结。"对罗兰·巴特而言：绿茶是寡淡的，它展现的只是一个"不歇斯底里"的土地上宁静的"平淡"，而不是任何一种政治意义的告白，中国并不能让他的写作得到"绽放"，他的中国之旅最终只是三本作家生前未发表的流水账。

对马瑟兰·普莱奈而言,"我们摇撼知识之树,为了让答案掉下来,为了可以重新回到我们精神食粮的准则:一个被破解的秘密。但什么都没有掉下来。从某种意义上说,我们空手而返(除了政治上的答案以外)。"对弗朗索瓦·瓦尔而言,"没有乌托邦的中国"依然让他心存同情和好感,但他的笔下同样也流露出对新中国的顾虑和质疑,他担心毛泽东领导下的中国会重蹈斯大林集权统治的覆辙。

1974年踏上古老而年轻的中国之前,克里斯蒂娃在头脑里显然已经构思好了一个理想的参照物(系)和研究框架并预先认同了它。她的知识储备是"来自这一边"的:第一部分"谁在说话?"、"性别战争"、"圣言的处女"、"在时间之外"和"不愿意存在的我"都在某种程度上显得和"中国妇女"格格不入。进入第二部分"中国母亲"之后,克里斯蒂娃依然沉湎在资料(或者说是书本上的知识)的汪洋大海中,首先她给儒教贴上了"食女人者"的标签,这显然是受到当时"批林批孔"的影响,之后从班固谈到李清照,从武则天谈到李香君,从秋瑾谈到向警予,从女子参政谈到《婚姻法》,都流露出一种好学生交读书笔记的用功神气。只有"采访"一章(也就是不到全书五分之一的篇幅）可以算是克里斯蒂娃为此次中国之行所做的田野调查，但鉴于采访对象的选择和导游兼翻译的介入，这个调查也只反映了冰山浮出水面的一个小角。克里斯蒂娃最终在中国找到"性别差异的另一种经验"了吗？答案似乎并不那么肯定。

《中国妇女》的出版从某种意义上说见证了作家本人"中国想象"的幻灭：一方面表达了对过去的痴迷，另一方面陈述了对当前种种的失望。在克里斯蒂娃看来：就像在东欧国家那样，中国妇女被推向第一线，为的只是更方便剥削她们！中国共产党并没有因为她们是女性而特别重视她们，反而将她们视作补足用的劳动力。所有潜存在中国文化里的关于女性的身体、女性的性欲、母亲的角色等等议题都三缄其口，避而不谈。处在"文化大革命"意识形态下的中国，自由是奢侈品，也是危险品，这对经历过"禁止禁止"的"五月风暴"自由洗礼的克里斯蒂娃和代表团其他成员而言是无法接受的。就连代表团希望参观精神病院，了解中国医生如何处理精神健康问题，也被中方告之"中国并没有疯子！"到处碰壁之后，自由的期待终于幻灭了，回到法国后，克里斯蒂娃放弃了中文和对中国的关注，从此彻底罢手不理。

三十年后重读《中国妇女》,克里斯蒂娃承认:"在他者面前,在阅读面前,在相遇面前所产生的震惊,并没有随着时间的流逝而衰退。越过那些主观兴趣比较明显的基本主题(比如母性、家庭和两性关系等),我希望读者能在这些思考的轨迹上减速并作停留。这些轨迹在我看来远胜过我的个人经历,胜过我们这些'1968年代人'的经历。"

五

克里斯蒂娃曾经真诚地期盼1974年的中国之旅可以给她某种积极的答案,然而她预先设想好的问题虽然令人神往最终却悬而未决。在2001年波维尔出版社再版的《中国妇女》的序言"这就是中国"中,作家坦承:"这次中国之行使我对自己的汉学研究能力产生了困惑和怀疑,或者更进一步说,对真实地介绍中国世界这一可能性产生了怀疑;这一介绍可能就是一种博学的工作,(一份多么值得称赞又多么艰辛的工作啊!)或者是以我们西方的标准来评价他国的现实,基于这个标准对他们做了美好的投射。(唉,简单的投射就是殖民主义的嗜好,这个投射仍然更可能存在于这个汉学领域,而不是其他"东方主义"的研究领域。)"在钱林森看来,朱丽娅·克里斯蒂娃"将中国妇女、中国革命完全置于西方女性主义视线下,纳入精神分析学的框架中加以观照,发掘出她心目中的中国和妇女的'异质性'、中国革命的特异性在于所谓的'女性化'"。这个视角固然新颖别致,却也容易一叶障目。

再回到中国,对克里斯蒂娃而言,竟是通过一本无厘头的侦探小说《拜占庭的谋杀》(*Meurtre à Byzance*, 2004),在这本充满了形而上学意味的书中,克里斯蒂娃虚构了一个中国反叛者的形象"小常",化名"无限"。小常看不惯人世丑恶,他抱着净化者的愿望反叛自己的宗派、黑帮和腐败,但他最后屈服于自己的脆弱,受着精神病的百般折磨,沦为一个西方式的连环杀手。荒诞和悲哀不在于世事无常和生命有限,而在于东西方遭遇后,自我和他者都意识到了彼此的存在,自我不能(或者说很难)融入他者,而自我和他者都在对峙中发生了变化。

"附魅"还是"祛魅",抑或是"附魅"之后的"祛魅"?尽管波伏瓦和克里斯蒂娃在她们的中国之旅结束后很快都转移了视线。两位女权主义的先锋很快都对大西洋彼岸的政治和社会图景表现出极大的兴趣。但波伏瓦和克里斯蒂娃的"中国经验"已然见证了对遇见他者的好奇和渴望,一种想要刺破相异性和他性的密封球的尝试,因为这一尝试或许可以提供建设多样化世界的新的突破口和新的契机。她们提出的问题还没有答案,她们的思考在今天依然有它们的现实意义。在一个日益全球化的世界,"中国道路"何去何从是无数专家学者关心的问题。中国是否偏离了社会主义道路,而走上了新资本主义和平演变的歧途?随着经济的腾飞,中国是否正在建构一个新乌托邦的图景?而面对今天处在危机中的世界,作为知识分子,我们要如何透过文化的多样性,去理解、去思考这一危机给我们带来的机遇和契机、危险和陷阱?从某种意义上说,我(他/她)们或多或少都遵循了弗朗索瓦·于连认识东西方的策略:迂回与进入。就像钱林森在《20世纪法国作家与中国》一书中所说的:"他者之梦,也许只是另一种形式的自我之梦,他者向我们揭示的也许正是我们自身的未知身份,是我们自身的相异性。他者吸引我们走出自我,也有可能帮助我们回归到自我,发现另一个自我。"

译事:作为文学生活的一种方式[1]

一、语言

说到翻译,首先绕不开去的话题是语言。歌德说过一句很深邃的话:"谁不懂外国的语言,谁就不懂本国的语言。"我们打小就说汉语,说汉语是自然而然的事,我们不会去深究,"不识庐山真面目,只缘身在此山中"。只有当你学习了一门外语,有意识地去了解语言的构成和特色,有了对比分析,有了距离,可以退开一步回望熟悉到让

---

[1] 2013 年 3 月 15 日,"梁宗岱译坛"在广东外语外贸大学拉开帷幕。该译坛是一个公共交流平台,由广外西语学院、高翻学院、图书馆和校外合作机构(上海九久读书人、广州学而优书店、广州法语联盟和广州翻译协会)协力搭建而成,志在推广各语种的文学、社科翻译和跨文化研究。译坛第一期邀请我谈谈我的译事。

你已经忘记它存在的母语时，或许才能看清楚其中的真意。陶潜说："此中有真意，欲辩已忘言"，到了忘言的地步才是最高的境界，我们讲的那种"妙不可言"、那种"不可言传"的诗意，还有语言和语言之间转化的可能性和不可能性，都是在说这种境界。在我看来，往往是翻译中的不可能性承载了更多的诗意。

一门语言是一个渡口，学习外语就是"让我们荡起双桨，小船儿推开波浪"。从此万水千山，从此漂洋过海，看见别处的花，遇见别处的人，读到别处的书，经过别处的风景。被他山的石头硌疼了脚，被他乡的饭菜吃坏了肠胃，文化冲突的具体表现就是"水土不服"，而"人文教化"说白了就是放下自我、入乡随俗。很多时候，我们需要他乡来确认故乡的模样，需要别处的生活来印证此处的生活，印证我们自己做出的一种选择。

再说到文学和我们的生活，其实，从小时候懵里懵懂地背"人之初，性本善"、"锄禾日当午"、"春眠不觉晓"开始，文学、诗歌就已经不知不觉进入到我们的生活，一直伴随我们成长，只不过我们一直没有意识到，是文学在潜移默化中影响了我们对生活的态度和对艺术的品位。因此，文学生活，或者说文艺并不是小资情调，它是我们每个人的日常生活，文学就像另一个维度的真实，从书本中获得的知识和领悟往往超过了我们在现实生活里得到的经验和教训。梵乐希在《幻美》的末章《棕榈》一诗中很好地诠释了人生和艺术的关系，梁宗岱先生译得也好："忍耐着呀，忍耐着呀，在青天里忍耐着呀！每刹那的沉默，便是每个果熟的机会！意外的喜遇终要来的：一只白鸽，一阵微风，一个轻倚的少妇，一切最微弱的摇撼，都可以助这令人欣然跪下的甘霖沛然下降！"人生和艺术都是漫长的修行：起初是忍耐着呀，忍耐着呀，忍耐是一种积累，在寂静中慢慢等待，等待果实成熟，等待让你惊喜的相遇，等待心灵与心灵的投契。而最后艺术家欣然跪下，是对自然、对缪斯、对神的感恩。

二、翻书

我是一个特别没有变化的人，从小喜欢看书。我的生活很简单，无事花草，闲来翻书。我的经历也很简单，读书、译书、教书、写书，给报纸杂志写些不深不浅、不痛不痒的文章。我知道自己早已不再是一个单纯的读者，学了几年法语以后，翻书在我，多半就有了双重的含义，是随手翻,也常常是随手译。从某种意义上说,是阅读经验定格了我对人、对事、对生活的看法,而我居然也在别人的故事、别人的文字里听到了自己心底的"回声"。说到底,我也只是一个"回声"(Echo),一个跟在作者身后亦步亦趋、人云亦云的读者:作者创造,我再创造;作者思想,我再思想;自以为是"我注六经",殊不知懵懂里是"六经注我"。我的三本书《经过》、《闲来翻书》、《转身,相遇》在某种意义上说都是我的翻译的副产品。有朋友跟我说过:"时间就像中药,有疗效,但很慢很慢。"我觉得阅读、翻译和写作也一样,都是一种慢慢的滋养,在漫长的修炼中渐渐化蛹成蝶。我知道自己自始至终爱上的不过是一个"无聊的消遣",虽然手里抓着的已是青春的尾巴,我仍然愿意"用一朵花开的时间",去邂逅一本书的浪漫。

"闲来翻书"也是我对翻译的态度,我们现在处在一个求快的消费时代,什么都讲究一个"快"字。但读书、翻译、做学问是需要真正静下心来,需要有"闲工夫"去慢慢做的。我特别喜欢许倬云先生给《闲来翻书》写的推介语,道出了"闲"的真谛:"'一花一世界,一树一菩提',禅之境界。印象皆虚,陈述也未必实。空有之间,有原是空，执着空，又到底不能无住。于是，只有闲闲，或可无所住。"我想补充的一点是，除了闲，还要自己喜欢。做自己喜欢做的事，并且坚持。因为在今天，文学翻译对译者而言，多半是个寂寞、吃力又不见得讨好的苦差事，对像高校这样的教学科研单位而言，翻译得不到重视，不算科研成果，挣不到工分。译者和别的译者、和外界的交流不多，不像梁宗岱先生那个年代，译者和译者、译者和作家、译者和艺术家之间交往很多。我们在梁老的书信中，可以看到他写给徐志摩、梁实秋、李健吾、梵乐希、罗曼·罗兰、刘海粟、朱光潜等等的信，俨然各大门派华山论剑的架势。在这个意义上，"梁宗岱译坛"为我们提供了一个很好的平台：一方面让各语种的译者找到了组织，有了一个交流信息、切磋武艺、分享经验的场所；另一方面对当下文学翻译多少有些尴尬的生存窘境给予关注，加深社会各界对这一现状的认识和思考，为翻译出版行业的规范和发展提供新的思路和契机。话说回来，外国文学翻译不算科研成果是件很荒谬的事情，试想一下：如果翻译出版市场的外国文学翻译无以为继，如果没有保质保量的外国当代文学适时有序地补充到中国知识界的阅读视野中，外国文学研究将何去何从?如果学术界重研究轻翻译的风气不及时扭转,如果出版界不改变翻译工作强度大、报酬低的现状,那么别说外国文学佳作的翻译质量得不到保障,恐怕好译者很快都要成为濒临灭绝的物种了。

三、自我

学习很重要,做自己也很重要。周国平在《拥有自我》这篇文章中说过一句让我印象很深刻的话:"尽管世上有过无数片叶子,还会有无数片叶子,尽管一切叶子都终将凋落,我仍然要抽出自己的绿芽。"这也是我们对待文学的态度,经典之所以成为经典,是因为每个时代每个时期都有不同的人在阅读,使得经典成为经典的是一代一代人坚持不懈的阅读。从某种意义上说也是阅读成就了这些经典。春天之所以生机勃勃,是因为万物都在发芽,开花,都在绽放小小的自我。周国平大家都知道,他是搞哲学的,弄了一阵子尼采研究,不免有人问他:"尼采对你的影响很大吧?"有一回他忍不住答道:"互相影响嘛,我对尼采的影响更大。"因为在他看来,任何有效的阅读不仅是吸收和接受,同时也是投入和创造。这就的确存在人与他所读的书之间相互影响的问题。

融入了自己的阅读才是有效的阅读。这跟画画是一个道理,一开始临摹,"看山是山,看水是水",学习过很多大师缥缈的手法后,"看山不是山,看水不是水",但最后,当山水都化在你眼里、心里、脑海里时,"看山还是山,看水还是水"。所以享受阅读吧,因为它让你在似是而非、非你非我的过程中,发现事物的本真。

"阅读是呼吸,翻译就是如鱼饮水。知道冷暖,我饮了别人的文字,于是那文字便也有了我的温度。"鱼儿喝了一口水然后再吐出来,虽然这口水又复归于河、于海,但它和你喝进去的水已经不一样了,它有了你的温度,所以我觉得任何翻译都是有温度的,而这个温度是译者给予的。虽然很多人在研究时往往忽视译者的存在,我自己也是在学了外语、做了翻译以后,才知晓翻译的甘苦,才会去关注译者。以前读书只关心作者,但现在看外国文学作品,挑作者之余还会挑译本,好的译者会成全一本书和读者的爱情,而一个糟糕的译者对一本好书的打击往往是毁灭性的。

四、遇见

翻译虽然是一件寂寞的事情,但是翻译活

动却促成了很多的"遇见",遇见是我的新书《转身,相遇》的主题,也是我对待文学、对待人生一贯的态度,是一种你来我往,一种在路上的心情和期许。翻译这个行业虽然孤独,但是在孤独中却可以伸出很多触角,接触到不同的领域,和各种人建立联系。卞之琳在1935年写过一首《断章》:"你站在桥上看风景,/看风景的人在楼上看你。/明月装饰了你的窗子,/你装饰了别人的梦。"诗很短,意味却深长。这首诗里有很多角色,站在桥上的你,在楼上看风景的我或者他(她),还有几个颇有寓意的景物,比如桥,比如明月,比如窗子。在人生的不同时期,我们承担的角色不同,有时一人分饰多角也不一定。小时候喜欢热闹,希望自己是跑去桥上看风景的那个,长大后含蓄了,或许会更喜欢躲在绣楼上偷看,现在的想法更朴素,觉得能做一座桥、一扇窗就很好,可以让你遇见他(她),可以让他(她)看见你。译者的身份更像一座桥或一扇窗,而桥和窗自身也可以是一道风景,也可以入画,可以是赵州桥、卢沟桥,也可以是苏州园林的一座小石子桥、一个小花格子窗。

像梁宗岱、徐志摩、梁实秋、鲁迅、茅盾、

施蛰存等老一辈的翻译家，他们在翻译外国文学的同时也成就了自己的文学，成就了中国从文言文到白话文过渡的新文化运动。现在有些译者把自己的地位降低了，认为作者高高在上、神圣不可侵犯，而译者就是要亦步亦趋、低到尘土里。我觉得这个想法是不对的，一个好的翻译文本，是译者和作者的一种神交、一种共鸣、一种合拍。梁宗岱先生之所以有这么高的成就，是因为他在面对罗曼·罗兰、梵乐希这样的大家时，一直都是用中西方文化平等对话的姿态来跟他们交流，而不是怀揣着战战兢兢的崇拜之心仰望高高在上的大师，这一点很值得我们学习。我在大学里已经教了十多年书，面对的都是青春无敌、多少有些稚气未脱的面孔，但同学们很多稚气的想法，常常会激发我的灵感，带给我许多崭新的发现。所以我常对学生说：不要看轻自己，也不要迷信所谓的导师，并不是我给你带来了知识的火把，而是在黑暗的夜路上，我们互相照亮。

我译过很多作家的作品，女作家有柯莱特、杜拉斯、萨冈、波伏瓦、内米洛夫斯基、萨勒娜芙、班科尔……男作家其实我也译过不少，像罗曼·罗兰、勒内·夏尔、圣埃克絮佩里、菲利普·福雷……3月初我在南京先锋书店做了一场

"遇见——《转身,相遇》新书读者分享会",那天请了许钧、周宪、王振羽、袁筱一,还有世纪文睿的林岚和江苏电台的 DJ 文岚。周宪老师在现场提了一个很有意思的问题,引起全场一片哗然。他说我翻了很多女性作家的作品,说我译女作家的作品要比译男作家的作品好,又说我译坏女人的作品比译好女人的作品好,问我如何解释这个奇特的现象。我当时就被逗乐了,反问他好女人和坏女人的界线在哪里。我也把自己翻译的女作家分两类,但不是好坏之分,一类极其感性,从某种意义上说不曾脱得了一点小孩子心性,因此更符合我的性格;而另一类则是理性的,用法国人的说法是她们长了男人的脑袋,擅长理性思维和逻辑分析,像波伏瓦和萨勒娜芙,所以我在翻译时就有点小畏惧,因为这么理性的语言不是我的路数。这也说明翻译有很强的选择性,聪明的办法就是扬长避短。但我也不后悔翻译了自己不擅长的作品,因为这些原本在你的阅读视野之外的东西,因为翻译的机缘进入你的视线,它给你呈现的是另一个陌生而丰盈的世界,比如萨勒娜芙的《战斗的海狸》让我更了解波伏瓦,从而更了解女人的生存境遇,从某种意义上更了解作为(成为)女人的自己。

五、选择

谈到译者对翻译文本的选择，又让我想起梁宗岱先生说过的一句话。他说一件艺术品是"想做"、"能做"和"应做"之间一种深切的契合。之所以"想做"，是因为这个文本非常吸引你，它跟你是契合的、有共鸣的。每个人心中都有自己的小音乐，如果要译的文本跟你内心的小音乐合拍，那样翻译起来就会得心应手、游刃有余；如果不合拍，你就会觉得不是这里就是那里磕着硌着，哪儿哪儿都别扭，哪儿哪儿都不舒服。之所以在甩开膀子开始翻译前要研读文本，也是要找对调子或者说是风格，原文的风格和你可以呈现的译文风格。

但有时候想做的不见得就是你力所能及的，有些文本很美，像美人如花隔云端，看得见却没办法一亲芳泽，这些文本你懂得欣赏，但真正操刀去翻译却有心无力。所以翻译之前要判断这个翻译是不是你"想做"并且"能做"的，不能做就诚实地表示自己做不了，要有负责严谨的态度，"不负如来不负卿"，"如来"是作者，"卿"是万千读者。"应做"是一个更高的境界，是站在本国的文化立场上去选择、去"拿来"，像五四新文化运动的那一批学贯中西的老前辈,他们就是特别有历史使命感的文人,我特别钦佩他们。

说到对译本的选择,我想举一个例子,那就是福雷,他是一个很好的学者,一直做研究,没想过要从事文学创作。后来他女儿查出来患了骨癌,四岁就去世了,他开始写作《永恒的孩子》,之后是《纸上的精灵》,我翻译的《然而》是他的第三部作品。他一直没有从丧女之恸中复原,他希望通过别处的风景去冲淡这份无法慰藉的哀伤,《然而》是他和诗人小林一茶、小说家夏目漱石和摄影师山端庸介的"相遇"。这个文本之所以特别打动我,一是死亡一直是引我沉思的主题,其次是文本弥漫出来的诗意和这种诗意对翻译提出的挑战让我着迷。我在中学时代写诗,后来上了大学被法语苦苦摧残,弄得诗意全失。留校做老师的头两年,生活仿佛又放慢了脚步,于是整理了一些旧时涂鸦,也译了几首勒内·夏尔的诗歌。但译诗很难,所以我很快就放弃了,不再去碰,因为它是我想做却做不了的。而翻译《然而》让我觉得一下子又回归到了以前的自己,回到过去对诗歌的热爱,从某种意义上说,这样的翻译是遇见也是重逢,你遇见了一个跟你合拍的外国作家,同时也重逢了或许已经失落了的自己。当我把小林一茶的俳句从法文翻译成中文的时候，我也享受了阔别已久的写诗的乐趣。"是的，一切皆空／过客、烟云、寂静／诗云"。但一茶加了一句："然而……"

如果你对文本没有感情，它没有吸引你、打动你，那这个没有打动你的文本经过你的手翻译出来也很难去打动别人。你要投入你的感情，译出来的作品才会有感染力。《然而》整本书都建立在这样的格调上：萦绕着一抹怀旧、泛黄的色彩，而这种色彩在我翻译这本书的时候，特别契合我当时的心境，稍微有点觉得年华老去。

六、爱情

有时候是因为作品而想去认识作家，有时候是因为作家而想去阅读他更多的作品。这种文学的相遇很多人都曾经用不同的譬喻去形容过。许钧老师有一句话，说翻译是一场艳遇，这句话被作家毕飞宇引用过后变得非常有名。"艳遇"或许更多是男性的语汇，有一点猎奇、偷欢的意味，我更喜欢袁筱一的说法，她认为翻译和爱一样，是最难的事，但虽然难，却不能不做。爱情给人的感觉似乎比艳遇更执着、更投入一些，也更女性罢。

把翻译比作爱情的确很贴切,有些文本你对它是一见钟情。比如《小王子》、《玫瑰的回忆》、《花事》、《然而》,我对它们是一见倾心。但也有一些文本,你对它是日久生情,一开始书是老师或同事介绍或出版社找的,这就跟父母之命媒妁之言一样,一开始不见得看对眼,朝夕相处、耳鬓厮磨下来,慢慢体会到文字的好,慢慢有了感情有了依恋。比如杜拉斯、波伏瓦、萨勒娜芙之于我。还有一类翻译,被我戏称作"一夜情"的,比如带学生翻译的畅销小说《女人的阴谋》、《情路风雨》,这类书原本完全不在我的阅读视野之内,之后也不会再出现在我的翻译视野里。

也有一些作家,会让你遇见很多次,会在你人生的不同阶段以不同形式跟你重逢,"一路上有他(她)"。在我,最典型的例子就是杜拉斯,我1997年翻译她的《外面的世界 II》,之后做关于她的硕士论文、博士论文和各种社科项目。《外面的世界》是杜拉斯写给报纸杂志的文章集子,很芜杂,所以翻译前和翻译中都要查很多相关背景资料,要请教很多人,文字的愉悦在某种程度上被繁复的资料查证冲淡了,当时就觉得翻译很难,南京的夏天又特别闷热,难免就有一点焦躁的情绪在里头。《外面的世界》并不是让我眼前一亮的作品，不过因为翻译它，我阅读了杜拉斯很多作品，做了一些研究，所以译完这本书我对她已经颇为了解。可以说她给我打开了一扇很大的门，或者说打开了几扇窗，因为她的领域特别宽，一会儿谈戏剧，一会儿谈电影，一会儿谈政治，一会儿谈音乐……所以我常说喜欢杜拉斯是因为她给了我想要的触角，经由她我可以接触到各个领域，接触到各个领域不同的人。

七、复译

复译文学经典跟翻译一本未被翻译过的作品感觉是不一样的。我复译的作品不多，有《小王子》和《人类的大地》，因为圣埃克絮佩里是我特别喜欢的作家，所以当楚尘找我重译《小王子》时，我开心得不行，圆了一个非常孩子气的梦：我只想有一个自己的版本，在暗夜里，可以用自己的声音把这个故事再说一遍，说给自己听。英文译者孙仲旭也谈到过复译这个话题："以前写过一篇《我为何重译》，里面提到，喜欢到了极点，就有这样的感觉：'我要咬你几口才过瘾！'我的咬法，便是重新译一遍。对自己特别喜欢的作家，以后有机会时，或者仍不会拒绝。"成熟的译者，碰到了自己喜欢的作品，还是忍不住会冲动，希望跟这个文本有一段情缘，这很正常，这是译者的力比多。很多经典作品，在复译的过程中有了新的生命。但如果只是出于追求某种商业利益，宣扬自己做出了一个最好的译本、其他译本都错误百出云云，这种态度是特别危险、特别可怕、特别要不得的。复译有助于提高翻译质量，读者会有更多的选择，这是一定的；但是过多的扎堆复译还是会让人感觉有点浪费资源。

说到翻译态度，法语界很多老翻译家都特别值得我们学习。比如罗新璋老师，他曾经很尖锐地指出了我行文的缺点，他说我不是个案，而是年轻一代都有这个通病。老一辈翻译家都有古文功底，遣词造句都简洁凝练，他说《红与黑》译好后他在校稿时删去了三万字，而现在年轻译者的毛病就是"的的不休"，显得句子拖沓啰嗦。很多"的"可以去掉，去掉后句子就紧凑了。对作家、对译者都一样，"节省语言是基本的美德。要养成一种洁癖，看见一个多余的字就觉得难受。"又比如周克希先生，谦称自己几十年翻译的经验和感悟只是丛生在译文边的杂草，他在《译边草》的后记里说他翻译"只因为热爱"，而难能可贵的是这份朴素的热爱和坚持。

好的译者、好的作家也一样，不应该追求著作等身，追求量多，而应该把心思花在质上，要在"精"上做文章。工不厌精，梁老有个说法：好译文是改出来的。我个人的体会也是，没有最好，只有更好，推敲无止境。做翻译是在寂寞中成就文字的圆融，里尔克在写给一个青年诗人的信中说"你要爱你的寂寞"。因为心灵是在寂寞中成长的，只有在安静的夜里，你才会听到自己心底的声音。

"译事无成"，这是南桥一篇文章的题目，或许在很多人眼里也是如此，但在我，最大的收获是在阅读、翻译的过程中，认识了自己，成为自己，这便是人生最美丽的果实了。

最好的和最坏的年代

《凤凰周刊》(邓郁)：您为何喜爱翻译？将作品从他国文字转成母语，这其中的魔力何在？

黄荭：我从小就喜欢文字，阅读、写作、翻译，究其底，都是一个人安安静静沉浸在文字中的美好。而翻译既是阅读，也是有本可案的写作，它的魔力和乐趣就跟捏泥娃娃一样，把原本互不相干的两坨泥，掺点水揉吧揉吧，再塑一个你我，从此你中有我，我中有你。我从大学本科开始做翻译，到现在也有近二十个年头，翻译已经成了我生活的一部分：无事花草，闲来翻书。

《凤凰周刊》：这个时代的翻译界、出版界，包括读者，都和上个世纪30年代还有80年代翻译作品的"黄金时期"很不一样了。您认为学界的心态和工作方式，时代的风潮，都会对翻译这件事产生很大的影响吗？

黄苋： 开放、自由、全球化，这样的大环境应该是翻译最好的年代，但一味追求利益、速度和畅销的市场逻辑也把翻译异化成了一个标准化了的商品，因此，文学翻译和出版不知不觉中已经走到了"（最）危险"的时刻。就法国文学翻译而言，目前，中国并不缺少一支出色的法文翻译队伍，但是老一辈翻译家大多不再适宜从事计日程功的翻译工作，优秀的中青年译者几乎都有本职工作，而在研究机构和高校，翻译不算科研和教学成果，出版社给译者的稿酬又没有与时俱进，造成很多译者没法继续或者从此断了从事文学翻译的念想，仍在从事文学翻译工作的好译者多数是源自对文学本身单纯的热爱，我就常常自嘲说自己是个"苦译犯"。尽管 1891 年马建忠在《拟设翻译书院议》一文中就已经倡导成立翻译书院并指出翻译质量标准问题的重要性，但中国的外国文学翻译还是十年如一日地以"量"计（60—80 元 / 千字）而不以"质"酬。沈志远在 1951 年"第一届翻译工作会议"中指出的"翻译工作中的散漫、零乱、自流的现象"到今天依然存在，而他所倡导的"要实现翻译工作的计划化,就必须制定一个适合国家需要的全国性的翻译计划"和"翻译制度化"问题到今天依然没有找到切实可行的解决方法。校审制度不严谨,更有甚者有些出版法语文学作品的出版社竟然没有懂法语的编辑和审校人员。1954年茅盾在"全国文学翻译工作会议"上就已经提出要"有计划有组织地进行文学翻译工作",建议让全国文学翻译工作者共同拟定统一的翻译计划,"由出版社和杂志社根据现有的力量和可能发掘的力量,分别依照需要的缓急、人力的情况和译者的专长、素养和志愿,有步骤地组织翻译、校订和编审出版工作。"但随着计划经济被市场经济淘汰并取代之后,翻译工作的分散、自流、浮躁之风再起,译者与译者之间、出版社与出版社之间各自为政、互不相谋,复译造成人力、物力、财力的浪费,为争取市场而粗制滥造的抢译使翻译质量大幅下降。盲目追逐经济效益的出版社在引进项目的合同上规定的出版期限越来越短,结果"病急乱投医",不是迁就多个译者合译的下策,就是让一些滥竽充数的译者介入,造成翻译质量低下,译作受到读者厌弃,严重影响法国图书在中国的声誉,追求经济利益最大化的出版社因此对法国图书心生疑虑,只盯牢几大文学奖和销售榜上的排名,影响到之后的选题,如此恶性循环。

《凤凰周刊》:在选书上您有什么个人标准?您会拒绝某些"畅销排行榜"上的书吗?一部译著如果能够成为经典,需要有哪些元素?

黄荭:"男怕入错行,女怕嫁错郎。"译者最怕的就是挑错书,有时候不是书不好,而是跟译者路数不对。译者选书首先一定要选自己读起来有感觉的,如果阅读都不能投入,那么译出来的文字自然也不能打动别人。"畅销排行榜"从来都不是我选书的标准,所以拒绝起来反而容易,倒是有些书,因为受到了文字的诱惑,但时间上又实在错不开,心里就难免有再三再四地纠结,拒绝起来也就做不到斩钉截铁。《解读杜拉斯》我拒绝过两次,《然而》我拒绝过三次,都是因为当时手上已经有其他的翻译合同,但最后还是接了,因为文字击败了我脆弱的理智。

《凤凰周刊》:今天您已经是很优秀的译者,在挑选选题时,您有多少的自主权和讨论空间?有些书如果预计到市场较冷,但您个人偏爱,也会坚持接下来吗?

黄荭：不喜欢的书，拒绝就好了。自己喜欢的书，可以推荐给出版社的编辑报选题。中国加入国际版权组织后，整个翻译流程都渐渐规范起来，译者的主体性也日益彰显，翻译与研究互为促进，译者介入图书选题、通过译序或译后记对作品进行分析引导读者的审美取向、甚至参与或负责丛书的主编工作。比如我主编过《圣埃克絮佩里作品》全集，现在正在给出版社编科莱特作品选和塞居尔伯爵夫人的作品选，都源自个人的阅读兴趣。什么是经典，并不是市场说了算，需要时间的沉淀和淘洗，司汤达可以为150年后的读者写作，译者也可以不为眼前的五斗米折腰。

《凤凰周刊》：您认为在当下的中国，全职翻译能够从工作中收获足够的物质和尊严么？业界有人提出"版税分成制"，您作为译者，在国内接受过不同于一次性稿酬的其他支付方式吗？

黄荭：房价涨了，油价涨了，电费涨了，学费涨了……唯独翻译稿酬没涨，翻译成了"廉价的脑力农民工"。"版税分成制"也解决不了大问题，因为小语种的文学书一般印数都不超过8000册，出版社一直哭穷，说出版纯文学基本上都不挣钱，译者能分到多小一块蛋糕？

《凤凰周刊》：您能接受一本书（并非像《追忆逝水年华》那样的大部头），由3到4个人协作翻译吗？您会习惯就书中的问题和同行沟通，取长补短吗，还是更习惯一个人的全情投入？您会同意有些书更适合"众包"这种形式，还是最好所有的书都越集中译越好？

黄荭："合译"多数时候都是权宜之计，为了赶时间。不过在学校带学生翻译属于教学内容，领学生入门，手把手一句句地分析，一句句地纠偏，之后放手让学生单飞，文责自负，做翻译入门要学的第一课就是对自己的译文负责。但理想的翻译还是一个人独立译，当然有些自己想不明白、推敲不定的翻译问题可以摆出来讨论，华山论剑有利于各门各派发扬光大。

《凤凰周刊》：对您而言，中文10万字左右的翻译量，如果不是特别艰涩难译，最少需要多长时间？通常您会在翻译之前和之后花费多少的精力来深入了解原著和打磨译本?

黄荭：这个不好说，要看时间安排，因为我不是全职翻译，紧凑一点三两个月，拖拉一点大半年。动手译之前我都会找和作者、和作品相关的背景研究资料看看，通读文本，译完之后少不了要校稿（细校一遍，朗读一遍，我常常让学生把译好的句子读出来，经得起耳朵听的句子一定经得起眼睛看），如果有感悟就写点译后记书评。翻译和写作一样，都是挺感性的一件事情，所以文字里常常会有情绪，所以译得顺不顺跟心情也很有关系。

《凤凰周刊》：就您和国内出版社的合作情况，一般翻译之后的译著权，是归属您还是出版社？

黄荭：都是签订年限的，三、五、七、十年不等，版权期内译著权归出版社，但如果有第三方使用译稿，利益双方共享。到期后译著权归译者。

《凤凰周刊》：您怎么看译著的电子出版，您和出版商的合同中有没有涉及这一块的内容？

黄荭： 有的合同中有写，但电子出版这一块国内还很混乱，而且作为个体，译者维权貌似也很难。"蚊子腿也是肉"，有人说这便是数字出版的盈利模式。电子书可以分割成一章章、一节节、一页页、一段段、甚至一句句、一字字去卖，产品和服务做到细微至极，本钱一分一分地下，利润也一分一分地挣，只是，产品和服务一旦打开渠道，那一分分的小钱便如牛毛细雨，码一码说不定还能见着真金白银。无名氏在《醉太平·祭贪小利者》中有诗云："夺泥燕口，削铁针头，刮金佛面细搜求，无中觅有。鹌鹑嗉里寻豌豆，鹭鸶腿上劈精肉，蚊子腹内刳脂油，亏老先生下手！"只是，我们这些卖文的"老先生"就算想下手，也没处让我们下手，就算勉强下得了嘴去，也啃不到蚊子腿上的肉！

《凤凰周刊》：您听说过 1971 年由 Michael Hart 倡导启动的古登堡工程（Project Gutenberg，简写作为 PG）吗？今年，国内的东西公司发起了类似的译言古登堡计划（http://g.yeeyan.org/），您有所耳闻吗？如果是，您怎么看他们（译言古登堡计划）的构想？

黄荭：没有听说过。不过重视、推动翻译怎么说都是好事，但在推广的过程中，一定要尊重原著和作者，尊重译文和译者的付出和权益。重译经典听起来很拽，但别忘记，后人常常是站在前人的肩膀上。

"写作本身就是一种抵抗"

诸婧琦[1]：谈一谈您和卡达莱的缘起吧!《雨鼓》的原文是阿尔巴尼亚语，而您是从法语转译的，这其中有什么故事吗？

黄荭：最初是浙江文艺出版社的曹洁打电话给我，说出版社买了三本伊斯梅尔·卡达莱的书，有一本想找我译。我知道卡达莱是2005年首届布克国际文学奖的得主，之前读过他的几本书，挺喜欢《错宴》和《谁带回了杜伦迪娜》，但因为忙，我说还是不翻了吧。曹洁说，我先把书寄过去给你看看，你再决定吧。翻了翻书后，卡达莱复调的叙事天才吸引了我，于是，几个月后，我犹豫再三还是签了翻译合同。

---

[1] 浙江文艺出版社《雨鼓》一书的责任编辑。

诸婧琦：您觉得卡达莱的作品，从文学性或艺术性上来讲它的核心魅力何在？您如何理解卡达莱作品中对战争的思考、对专制的拷问？这是否与他个人的政治主张有关系？

黄荭：我觉得卡达莱作品的核心魅力或许在于他是用小说去重写历史，用历史来警示现在和未来。这和卡达莱是历史专业出身有关，正是这个原因，他的小说常常散发出一种野史和民间传说的讽喻意味，仿佛那才是被正史篡改、遗忘、湮灭的真相。正如布克国际文学奖评委会主席约翰·凯里所说："卡达莱是在阿尔巴尼亚文学、历史、民俗学、政治学等各领域都留下印记的作家。他描绘了一种完整的文化，继承了荷马史诗的叙事传统。"《石头城纪事》、《是谁带走了杜伦迪娜》、《错宴》、《梦幻宫殿》、《亡军的将领》、《破碎的四月》都是虚构，又都仿佛是历史，仿佛是现实，仿佛是我们无力摆脱的宿命和魔咒。虽然卡达莱1990年就去国别乡到了法国，创作题材也纵横开阖，从苏丹的奥斯曼帝国到法老时代的埃及王国，但他的关注点似乎一直都是集权统治下的阿尔巴尼亚。"写作本身就是一种抵抗。"卡达莱如是说。抵抗命运，也抵抗遗忘。那只高高飞翔的"山鹰"似乎一直未曾离去，它在故乡的土地山川上盘旋，"啄食记忆的腐尸"。

诸婧琦：能否给我们简单描述一下卡达莱的创作风格？您在译作的过程中，是否对这种风格在另一种语境里的表达和传承有过缺憾？比如有哪些方面是中文无法传达的。

黄荭：我不懂阿尔巴尼亚语，所以我无法想象卡达莱用阿尔巴尼亚语创作的作品本来的样子，我翻译的《雨鼓》是从法译本转译过来的，有很多关于奥斯曼帝国军队的编制方面的术语非常难译，因为法文译者是根据土耳其语的发音把一些单词音译成了法语，这些词是词典里查不到的，要还原成土耳其语，找会土耳其语的人解释才能弄明白。我当时就是找了一个在加拿大魁北克读博士的原籍土耳其的法国朋友帮忙的（真的是全球化的典型例子），我列出来的专名词汇表就有A4纸整整7页。而且这本书里的人物很多，名字也很奇怪，所以我隔一段时间就会搞不清楚谁是谁，这和现实生活中我的严重脸盲或许有关。

诸婧琦：具体到《雨鼓》这个作品，其中哪个情节给您印象最深刻?

黄荭:给我印象最深的是军需总管给史官讲穆拉德汗苏丹被谋杀篡位的故事,讲得那么逼真,逼真得让史官都不敢听,不敢信,但那个故事从此印在他的脑海里挥之不去。当斯坎德培夜袭奥斯曼帝国军队的营地时,史官在一片混乱中躲到了坑道里,"他独自坐在黑暗中,在一个他不熟悉的地方,既不在地面上,也不在帐篷里,更不在书桌前。一处乌有之乡,一个真正的法外之地,游离于人世和帝国之外。或许这是他第一次有机会深入思考他永远不敢写的事情:科索沃战役的真相。"我觉得这个史官的身上,应该有卡达莱自己的影子,史官之于历史,就如同作家之于小说,真相和那些在战争中死去的人一起,都埋葬在那里,然后被忘却,然后被记起。

诸婧琦:《雨鼓》中设计了好几对矛盾的叙事视角,比如将领和军官,士兵与俘虏,嫔妃与太监等等,您觉得卡达莱这样做是想说明什么呢?

黄荭:运用复调手法的作家很多,不止卡达莱一个,但我个人还蛮喜欢《雨鼓》的叙事手法的，战争本来就是大场面，两军对垒，各有各的计谋，各有各的手段，战斗和军营里（城堡里）的日常生活，有前方战士浴血奋战，也有留在帐篷里的随军家眷百无聊赖，卡达莱是在用360度无死角的叙事手法来为读者再现一段（可能真实）的历史。从天上的苍鹰新月，到地下的呢喃叹息，从远处的山峦叠嶂到眼前的珍馐美馔，从踌躇满志到意冷心灰，酝酿了这么久，都是为了最后的那场雨和随之而来的"鼓声"，这鼓声就如丧钟，它为谁而鸣？

我想这就是卡达莱想要告诉读者的。

诸婧琦：能否用一句话推荐下卡达莱的《雨鼓》？或介绍下它主要传达的内在价值。

黄芷：奥斯曼帝国没有征服阿尔巴尼亚，但《雨鼓》征服了读者。历史不是要告诉我们曾经发生过什么，而是要告诉我们，未来可能会发生什么。

诸婧琦：在您看来，卡达莱在西方世界赢得如此之大的尊重和推崇的原因是什么？

黄芷：他属于阿尔巴尼亚，但他也属于世界。

他的作品所涉及的问题是超越历史、超越种族、超越国界的,更何况他还有讲故事的天分和文字之美。

诸婧琦: 您觉得卡达莱能获得诺贝尔文学奖吗?

黄荭: 我不知道,我也不关心这个问题。我更关心的是我译的这个作家是不是一个好作家,卡达莱是。

诸婧琦: 卡达莱的作品通常是隐晦的,在阿尔巴尼亚国内和西方,往往有不同的解读。在中国,他又是一个什么样的境遇?

黄荭: 我觉得也不是太隐晦,懂点历史和时事就可以看到他作品的机心。文本解读的空间越大,它所承载的信息和思想就越丰富。阿尔巴尼亚曾经是中国的小弟,我想,中国的作家也可以把卡达莱看成是他们的大哥,卡达莱作品这几年被批量(浙江文艺出版社、花城出版社)译介过来,并受到读者的喜爱,这就说明,中国读者懂他的作品,懂他的语境和讽喻。

不能承受之真——小说与虚构[1]

黄荭： 菲利普·福雷斯特大部分文学作品都源于强烈的个人生活。读过他作品的人都知道他的创作源于什么，《永恒的孩子》和那一份哀悼对他而言又意味着什么。处女作《永恒的孩子》于1997年由伽利玛出版社推出，那是对幼女的死"无半点虚构"的回忆，从此写作一发不可收拾，他一直不停地重写、重现自己生命的故事，以此来探求"'真'之不可破解的奥秘"。最近99读书人再版了这本书，想问菲利普，今天你自己如何看待这个文本？时间过去，那份真实在一次次被讲述、被重复的过程中是否依然完好无损？

福雷斯特： 我写完《永恒的孩子》已经快

---

[1] 本文是从2016年3月29日下午由南京法语联盟组织在先锋书店举办的"不能承受之真：小说与虚构"文学见面会的会谈记录整理而来。

二十年了,现在看到中国又出了新版,对我来说有种奇怪的感觉。书写完后我就不再去看了,但记忆依然存在,它以另一种方式不断地重现。写自己的生活,的确是一种奇特的经历。当我们去写寓言或传说,可以说题材是永恒的,但是写个人生活就是另一回事。它没有那么永恒,因为过于个人化。有些书会在几个世纪里不断地被阅读,书写的内容都是个人的生活。所以写作对我而言,并不是保存我的记忆,因为把个人记忆书写出来后就变成了集体记忆。当生活变成书,书往往就会替代记忆,作家会认为书是真实的,反而质疑自己的记忆是否真实,是否真如我所写。因此在某种程度上,想象替代了真实。写《永恒的孩子》时,我的女儿刚刚去世,我还沉浸在巨大的悲痛中,所以我的表达也受到当时心情的影响,悲痛和创伤就永远呈现在这本书里。不过,近二十年时光流逝,在我,这种悲痛肯定有所变化,在我的其他小说里,这种痛苦有不同的呈现方式,我的感受不同,所以写出来的基调和内容也有所不同。

黄荭: 法语联盟这次的活动海报做得有意思,绿幽幽的,带着些许斑驳的黑渍,让我想到年代久远的邮筒,杵在那里,承载了记忆,又有些寂寥,仿佛今天读图时代的文学。鲁敏曾经和邮局打过十八年的交道,先是读书,后是工作。"浸泡在这老绿色里的十八年,我对日月有了初步的、体己的感受,我破灭了一些梦,失去过各种东西,有了自己的孩子,变得世故而冷静,但最终不世故、不冷静地爱上了写小说,并决心一去不返。"这十八年的邮局生活是否成了你日后写作的起点?抑或是,这种生活是你想逃离的?是小说给了你"无限刺探的自由、疯狂冒险的权利",让你可以用小说的虚妄来抵抗生活的虚妄……

鲁敏:我觉得每个人过往的生活、你从事的职业、你吃过的事物、你读过的书、你接受的教育、你认识的朋友,其实都是在直接地或者间接地塑造你的审美、塑造你对世界的看法、塑造你的性格、塑造你的取舍好恶,等等。所以说,在邮局工作的那些年,跟其他阶段对我的影响是一样的。我有过很多职业,卖过邮票、拍过电报、做过报刊发行、做过储蓄柜员、行业记者、秘书等等,我觉得这些职业都变成了深浅不一的烙印。在当时你可能不觉得它会有什么作用,因为那只是在生活、在过日子。但是若干年后,它会不自觉地渗入笔下。所以我写过以邮递员为主题、以火车上长途押运员为主题的小说。邮局的那种绿色，那种很老旧的绿色，特别像我们惆怅的感情，就是你对情感的投递、呼唤或者中途的丢失，这种惆怅跟职业无关，是一种情绪上的影响。

黄苾：我想到鲁敏写的《谢伯茂之死》，这部作品我个人很喜欢，最近也被埃及的译者翻译成了阿拉伯语。在现代社会里，人们基本上已经不再写信了。在鲁敏的这部作品中，谢伯茂是个不存在的收信人，但是邮递员还是孜孜不倦地去寻找这个虚构的人物，我觉得这其中有很深的寓意。请鲁敏谈一谈创作这部作品的感受。

鲁敏：这是一部短篇小说，已经被翻译成了西班牙语、俄语还有阿拉伯语。故事很简单，讲一个邮递员送一封怎么也送不出去的邮件，借此阐释现代人内心的孤独。有时候，我们看起来似乎朋友很多，但是当你想找人说一说自己的内心、说一些关于自己的话时，往往这个人却非常难找到。这部作品里的主人公就是这种情况，他在各种社交平台上都找不到倾诉对象，于是就想到了写信，从收信人的姓到地址都是杜撰的。收信人的地址设置在了南京的老城南。老城南有很多地名在城市变迁的过程中消失了，主人公就找了一个自己喜欢的老地名，用毛笔写在信封上寄出去，但其实信纸上没有任何内容，只是空白的纸张，他却认为这样就能满足他内心的倾诉欲望。收信人叫谢伯茂。拿到这封信的邮递员是个很认真、很优秀、很有职业自豪感的邮差，所有的死信在他手上都能变"活"，顺利送到收信人的手上。可是他找遍整个南京城都没有找到这个叫谢伯茂的人。有一天，孤独的寄信人和抓狂的邮递员相遇了，寄信人对邮递员说不用找了，你找不到的，谢伯茂已经死了。换句话说，我虚构了一个人，又让他死亡，讲了孤独如何诞生、向外呼救，又如何把它泯灭、消解在自己的内心。

福雷斯特：我很期待这本书以及鲁敏的其他作品能被翻译成法语。这个故事很有意思，让我想到我们作家就像邮递员一样在传达情感，也让我想起自己的另一部作品——《云的世纪》。

黄荭：是的。《云的世纪》讲述的是你父亲那一代飞行员的故事。航空最初是邮政航空，用于运输信件包裹，后来才有了民航。请你说一说父亲在这部作品中意味着什么,这部书是否也是对一个世纪的告别。

福雷斯特:《云的世纪》和我的其他作品一样,也是跟逝去有关,但我是以不同的方式来讲述的,每次选择的主题也不一样。这是一本很厚的书,讲的是二十世纪飞行员的故事,具体来说,是我父亲作为飞行员的故事,他先是在二战中做了飞行员,之后在法航工作,直到退休,退休时巴黎—北京航线正好即将开通。这既是一部历史小说,也是一部讲述我个人家庭的小说,与圣艾克絮佩里的作品有些相似。

黄荭:在鲁敏的作品中父亲也是一个绕不过去的形象。在《回忆的深渊》里,鲁敏写有一篇题为《以父之名》的文章,我看了非常感动。而且,死亡也是你作品中经常出现的主题,你甚至写过各式各样的死法。那么,父亲和死亡对你的写作有什么影响?菲利普的作品给我的最深的印象无疑就是哀悼,固执的哀悼。我想请你们谈一谈,在何种程度上,文学是"置之死地而后生"?死亡在你们的作品中更多是一种美学还是哲学的形式?

鲁敏： 其实，死亡是很多作家都会去书写的话题。比如，我跟菲利普的写作状态和领域都不同，但是我们的作品中有一个共同点，就是死亡。大部分时候，我们都会说爱、生命、美好等字眼，但我觉得，其实我们的餐桌上每天都坐着一位看不到的客人——死亡，可是大家不太愿意承认或是接受这个事实，但我觉得它是一个重要的、不可摆脱的存在。写死亡，不仅是感性的事情、不仅是审美的事情，也是一个哲学思考上的事情，是每个作家都要面对的主题。所以我很高兴地看到菲利普在自己的作品中反复地书写死亡，它是我们每个作家、每个生命个体都必须去面对的永恒的客人。在我们每个人的生命中，都会有亲人离去。这种感觉很奇怪，就像，如果你满口的牙齿都健在，你就从来都不会觉得自己有一口好牙，但是如果你掉了一颗，你就会永远感到自己掉了一颗牙齿，即使用高科技手段补上了，但你永远都知道那是一颗假牙。生活中某一亲人的离开或者不在场，让你觉得即使通过各种各样理智的手段来填充这颗假牙的位置，它都无时无刻不在以一种假的方式提醒你、警告你、不断地压迫你，告诉你这不是一颗好牙，你比别人少一颗牙齿。菲利普成了残缺的父亲，我成了残缺的女儿，对于作家而言,这种残缺往往是一个非常好的出发点。如果你的生活过于圆满、喜乐、宁静,也许并不能提供理想的写作土壤。说起来比较残酷,但这是个事实:不足的生活、残酷的生活、被压迫的生活、不自由的生活等等,往往会成为最好的写作土壤,在这里可能会产生鲜花、臭虫、肥料等等,你能想象到的一切都会产生。所以,我一方面感叹死亡和残缺,另一方面也在非常仔细、非常贪婪地占有这件东西。我觉得艺术家有权力去处理这种残缺。

福雷斯特: 我非常赞同鲁敏女士的观点,作家有权力去写自己的过往、自己生命里的不完整以及不幸,甚至说,作家有义务去书写这方面的内容。文学让我们可以去思考、去寻找一些问题的答案,哪怕这些问题是无解的。哲学、科学和宗教都在寻找人生和世界的答案,这些学科有时候能够很好地解释某些问题,但有时候并不能找出答案,而文学却可以带着我们去探寻这些无解的问题。文学家有权利去谈论死亡,但是不能随意地去谈论,而是要带着爱去讲述死亡。

黄荭: 刚才菲利普说,哲学、科学和宗教不能解决的问题,我们可以通过文学去讨论、去思考。记得两年前鲁敏送过我她的一本书——《九种忧伤》，还题了词："有文学，不忧伤"。幸好我们还有文学。书名是九种忧伤，但实际上只写了八个故事、八个忧伤，那么第九种在哪儿呢？可能是读者的忧伤，芸芸众生都会有的各自的忧伤。忧伤不仅是鲁敏作品中经常出现的内容，也是菲利普常常书写的主题，忧伤可以是个人的小忧伤，也可以是国家、社会层面很真实、很现实的忧伤。比如《不食》，说的是对食品安全隐患之忧。类似的短篇小说鲁敏写了很多，都带一点寓言的色彩，既有些光怪陆离，又有些警世的意味，这种写作方式也是中法两国作家都比较擅长的。想请两位作家就"忧伤"的话题和寓言的写作方式来谈一谈你们的想法。

鲁敏： 我觉得首先应该把"忧伤"这个词去魅化，因为很多词都已经被网络改变得很奇怪，比如"远方"、"理想"、"诗意"成了很反讽的词语，我们好像不敢再去碰它们了。但是如果回到"忧伤"的本意，我在这里是表达一种愁苦乃至怒目金刚。现在的所有娱乐方式，比如旅行、美食、拍照，都在提醒我们要笑、要开心，好像开心才是我们生活的全部内容、全部追求。可是作为一个作家，我就是喜欢愁眉苦脸的人。忧伤是一个完整的人性的一部分，生活中有很多不如意的、向下的、负面的东西，可以通过文学、艺术、歌曲等等去宣泄出来。我的《九种忧伤》里是有些寓言性，比如在一个故事里，有个人家养了鸽子，妻子想吃鸽子肉、鸽子蛋，因为很补养。可是丈夫却觉得鸽子的飞翔、飞翔的消失，这种人和理想、人和飞翔、人和理想的消失之间的关系更能吸引自己。一个追求肉身的健康，一个追求精神的寄托、灵魂的痛苦和追问。可能很多人都觉得肉身是需要补养的，但其实我们的精神也是需要的。《九种忧伤》这部小说集大致就是想呈现这样的思想。

黄荭：菲利普的《薛定谔之猫》在中国出版时，我请鲁敏写了推荐词，她是这样写的："我们在思考，同时脑中空空。我们在阅读，同时目无所见。我们在吞咽，同时饥肠辘辘。我们在爱恋，同时冰冷无情。《薛定谔之猫》像巨大但和气的阴影，覆盖着软绵绵的生活，所有那些无聊、衰败的时刻。"这样一段话其实也可以用来描述鲁敏自己的作品。在某种意义上，两位作家的作品之间是有共鸣的，因为反映的都是这些"无聊的、衰败的时刻",而这样的时刻也是我们曾经那么在意、那么爱恋的时刻。《薛定谔之猫》的第二十八章叫"一滴忧伤",菲利普写道:"每个人都背负着一只承载忧伤的罐子,一滴微小的忧伤足以使它漫溢。而且一不留神,它会从四面八方流淌出来。我们感觉随时可能哭出来,但不知是为了什么事、什么人。这些眼泪和世上所有的悲伤一样,不管是自己的还是别人的,是大悲还是小戚,因为它们同样表达了面对光阴无情的感伤。时间带走一切,它把我们钟爱的一切一个接一个推向虚无,不留给我们任何可以依赖的东西"。那么菲利普,谈谈你所理解的"忧伤"?

福雷斯特:首先感谢鲁敏女士为《薛定谔之猫》写的推荐词,我也很认同她的观点。无论我们生活在什么样的社会中、环境里,都会感到周围有种幸福和快乐对我们的专制,它无时无刻不在包围着我们,在我们身上施加它强大的力量和影响,一直在制止或者诱惑我们。但其实,生活的底色是忧伤的、悲伤,甚至是悲剧的,我们需要用忧伤和悲剧去对抗幸福和快乐对我们造成的压力和专制,如果回归到生活的真正核心上,就会看到它是忧伤的,这是文学的一种功能,也是文学家的一个责任。关于寓言,我想说,人类最初的故事就是以寓言、神话和传说的形式来表述的,这也是文学的起源。而且当一个人还是孩子的时候,父母给我们讲的睡前故事也是这种类型的。所以说寓言和故事是文学最初的、最基本的形式。后来的先锋派让小说变得更加复杂、离文学最初的本质越来越远,不过我在写作的时候,还是想回到讲故事的功能上。虽然我的作品很多时候具有哲学上的含义,但我还是想尽量通过讲故事的方式来书写,这也是文学家不应该放弃的一种讲述方式,因为读者喜欢听故事,他们需要故事,这种书写也是在把现代的先锋文学和最初的文学形式联系在一起,比如我在《永恒的孩子》里就写到了《彼得·潘》和《爱丽丝梦游仙境》。

黄荭: 菲利普在自己的书中会写到其他作家的作品,可见好作家很多时候首先是个好读者,阅读对写作有着很大的作用。我知道菲利普的阅读量非常大,这也可能跟他是文学批评家有关,比如雨果、马拉美、普鲁斯特、罗兰·巴特、乔伊斯、夏目漱石、大江健三郎……他也阅读了不少中国文学的法译本,包括中国的古典文学,如《红楼梦》、《水浒传》、《西游记》,同时他也非常关注中国当代作家,如莫言、余华、毕飞宇、韩少功。我想请菲利普谈一谈阅读对写作的影响,你又是如何看待中国当代作家的写作的?

福雷斯特:我其实还不能算是非常了解中国文学。但十几年来,我多次来到中国,有机会结识了许多中国作家,与他们对话,就像今天有幸在此和鲁敏交流一样,这对我而言是十分重要的。我认为阅读、了解、关注外国文学是非常重要的事情,因为文学既是国家的也是世界的,文学中有全人类共通的地方,我们可以通过文学去了解其他的国家和民族。我们在电影院、电视、甚至是一些书上看到的内容,都呈现出一种均质的、全世界都一样的、贫乏的形式。因此,为了打破这种霸权,我们要关注世界文学的多样性,要听到别样的声音。除了中国文学,我也在关注其他国家的文学。十五年前,我开始接触日本文学,并开始对日本作家的作品发生了很大的兴趣。我对中国的古典和当代的文学作品都很感兴趣,但是还不够了解。去年,我读了《西游记》,今年,我的行李箱里又多了一本《水浒传》。我也阅读当代中国作家的书,比如,在莫言获得诺贝尔奖后,我被邀请在巴黎举办的一个关于莫言的写作研讨会上做总结发言;不久前,我在一本法国文学批评杂志上发表了一篇很长的文章,谈刚译成法语出版的毕飞宇的《苏北少年"堂吉诃德"》。这本具有自传色彩的非虚构作品很是打动我,标题很有趣,这本书讲述了"文革"时期身在乡下的一个中国少年的经历,却有西班牙古典时期"堂吉诃德"的影子。而作为法国作家,我也希望在中国文学中找到回应。

黄荭:那么,鲁敏,你最喜欢的外国作家有哪些呢?

鲁敏:外国作家读的中文作品往往仅限于莫言、《红楼梦》,而中国作家长期对外国文学的吸纳可能会占到阅读量的百分之五十,当然这要归功于各位翻译了。菲利普强调不同国度的作品对本土作家的影响,我觉得中国作家在这一点上,既幸福又不幸。因为你看到全世界有那么多非常优秀的作品,然而你终其一生能否达到那样的高度?但阅读外国文学作品对于写作来说也是个很好的参照,因为你会知道什么是顶尖的写作,哪怕身处小乡村也依然可以知道世界上最好的写作水平在哪里。我个人喜欢的外国作家和作品太多了,像伊莱娜·内米洛夫斯基的《法兰西组曲》、法国哲学家阿尔都塞的自传、罗曼·加里的《来日方长》、塞利纳的《茫茫黑夜漫游》,还有纪德等等,再比如日本的三岛由纪夫。中国作家是一个兼容并济的群体,我们的清单上会列出一大串外国作家的名字,然而外国作家对中国作品的了解就很少了。这也牵扯到文化输入输出的问题,中国作品输出之路漫漫其长。

黄荭: 刚才鲁敏也谈到了译介的问题。国外的版权机构或者代理人常常对中国作家有一种类似"海外订制"的诉求,要求作品展现符合他们想象的中国的样子。曾经有一个在德国工作的法国人古维兰女士,她的职业是金融领域,但她对心理分析很感兴趣。她偶然看到鲁敏的小说《取景器》,想翻译成法文。关于翻译的问题你们之间互相发了不下二十封邮件讨论。她有没有成功翻译你的这部小说?最终是否出版了呢?

鲁敏: 关于"海外订制"的问题,各个国家的版代总会对我们提出一些非常具体的要求,比如说意大利出版人要求"非虚构的、最好是出人命的"故事;比如德国版代要求讲述"女性的都市情感,当下年轻人在都市中苦苦挣扎"的作品。我觉得他们对中国文学的眼光具有新闻纪实的期待,西方读者很想了解中国在发生什么,人们如何生活、忍受生活。但是我一直认为,文学的内涵和外延是大于新闻的,不仅要反映现实,还要反映普遍、深沉、内在的感情。国外的读者好像在打量远道而来的远房亲戚,他们首先关注的是你的衣食住行、外貌形容、是否辛苦,但关注不到你的内心,关注不到你是否也经历了亲人离散、是否也有理想和精神寄放。这就导致了输出时双方期待的差异性:我们的作家在写作时依然希望写我们的内心、写我们的精神、写文学的永恒的主题,比如死亡和爱。但是国外的出版业更希望看到一些表面化的、社会性的或者新闻性的作品。所以说,这种差异导致了我们文学和艺术输出的延后。

关于那个作品的翻译,她是一位在德国生活的法文译者,看到我的中篇很喜欢,我们通了很多封信。我感觉翻译之路是很艰难的,很多我们看来很简单的问题,在她看来会有些困惑。比如一个人袖子上戴着"三道杠",她不明白什么意思;或者我引用的一句古诗"吴刚捧出桂花酒",就更没办法理解了。她完成了作品的全部翻译,但由于这篇小说所写的就是人的内心、是情感流失,不是那种时代动荡的纪实,所以很遗憾,它现在还躺在那位法文译者的电脑里。

黄荭: 我个人十分喜欢鲁敏的写作,相信有朝一日一定会被译成法文。今年一月份我在法国参加了第一届关于菲利普创作的学术研讨会,我私下问菲利普说,你写了《误读之美》、《东京归来》这些谈论日本的书,是不是也应该写一本关于中国的书,或许这也是一种"中国订制"。你会参考我这个订制意见吗?你接下来的写作计划和方向是什么?如果不迷信的话,可否谈一谈下一本书的创作?

菲利普: 我在法国刚刚出版了一本很奇特的书《幸福的宿命》,是以字母 A、B、C、D……的顺序来写作的,26 个字母都将展开来写。灵感来自兰波的诗歌《元音》,每个元音对应一种颜色。这本书属于自传体。我的下一部小说将在九月份由伽利玛出版。在这方面我有点迷信,所以暂时保密。至于关于中国的书,我有时候会在脑海中酝酿一些想法,形式可能类似《然而》。

鲁敏: 听到菲利普的新书介绍,我觉得菲利普在创新上特别具有探索精神,可能因为他是先锋作品的研究者。我觉得中国作家,尤其是我,特别要向他学习这一点。他的《然而》里有游记,有人物传记,有评传,有非虚构,也有虚构,文体跨界比较灵活、轻灵,不会很"重"。二十六个字母这本书也应该是比较创新的体裁。再比如《薛定谔之猫》,是量子小说。中国作家很少会碰这种高科技宇宙论之类的东西,在这一点上,菲利普非常值得我们学习。